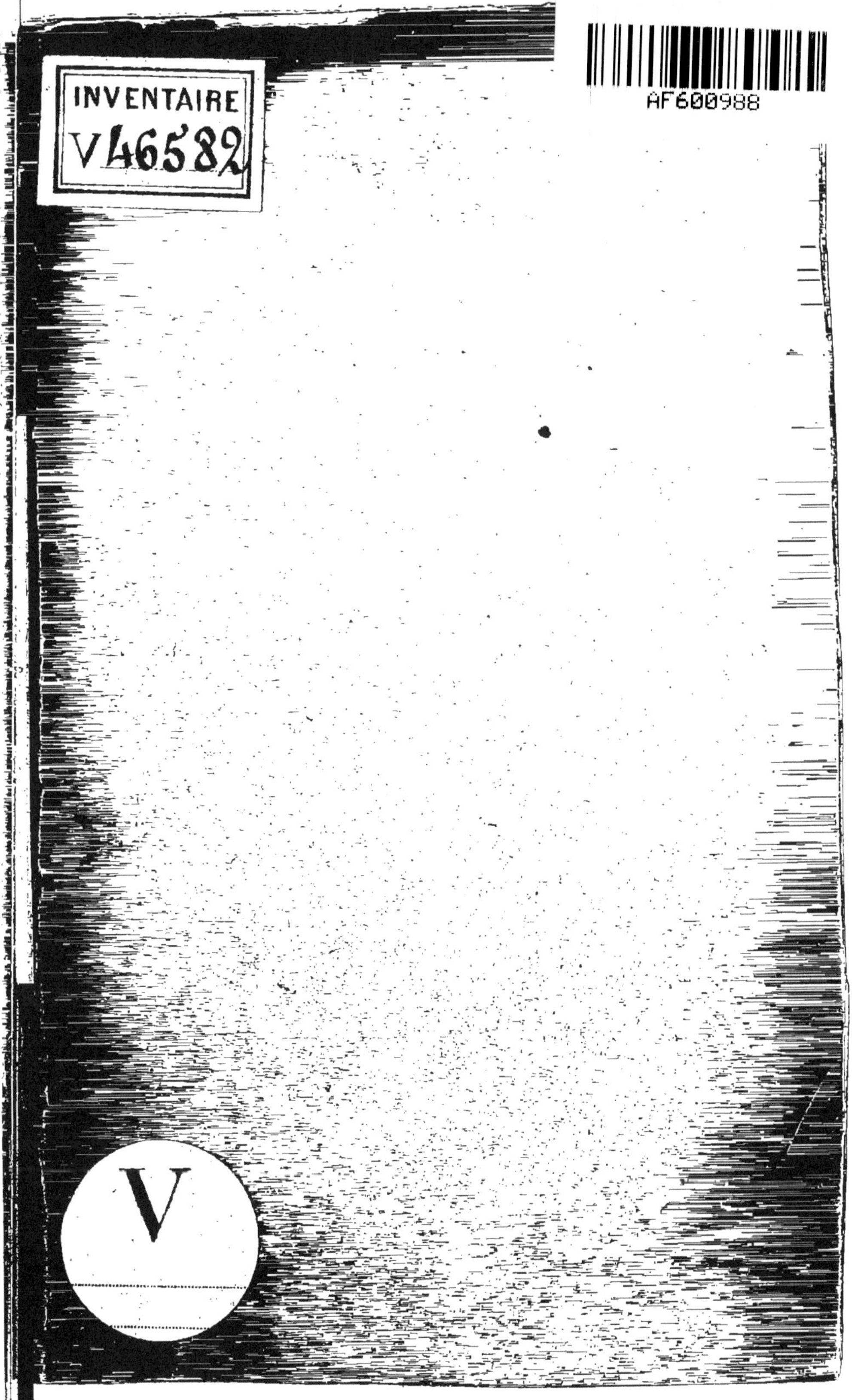

LIVRE
DE
L'ÉTOILE
DU BONHEUR.

OU LES ÉTRENNES.

ET JEUX SYMPATIQUES

Qui appartiennent à chaque N°. sortant des Roues de Fortune, n'importe à quelle Loterie ;

TREZIÈME EDITION.

A PARIS,

Chez M. Menut de St.-mesmin, Auteur Imprimeur rue St.-Denis, cour Batave, N°. 17, et chez tous MM. les Receveurs de la Lot.

AN 1810.

ROIS-MAGES.

36

39 63

On s'abonne chez M. MENUT de st.-mesm. au *Tableau Romain*, Journal de la loterie, dont le prix de l'abonnement est de 7 fr. pour 3 mois 13 fr. pour 6 mois, 24 fr. pour l'année, et 2 fr. de plus par abonnement de six mois pour le supplément, *franc de port.*

OUVRAGES

De M. Menut de St.-Mesmin, *Auteur et Directeur général de la Société des Mathématiciens des Loteries de France.*

Savoir : Les Tables d'Argent, jeu d'un N°. à la Lot. sans martingale.

Prix des 3 Tables.	72 fr.	» »
Et pour une seule.	24 f.	» »
Le Jeu Italien.	24 f.	» »
La collection des tableaux historiques .	24 f.	» «
Les Trésors du Mameluck et leurs Quintes Egyptiennes, pour Paris. . .	12 f.	» »
Et pour Bruxelles.	12 f.	» »
Les Tables Mathématiques pour les chances simples, par Loterie. . . .	12 f.	» »
Et celle des chances déterminées . . .	12 f.	» »
Le Lion des Jeux de 3 Numéros. . .	12 f.	» »
Le Pélican des Jeux.	12 f.	» »
Le jeu Russe	15 f.	« «
Le jeu de correspondance particulière de deux N°s. pour un mois. . . .	12 f.	» «
Le livre d'Or de M. *Menut*, ou son Cagliostro.	3 f.	» »
Le Guide d'un Actionnaire.	3 f.	» »
Le livre Septenaire, sur les 1er. et 5e. indicateurs.	2 f.	» »
Le Quotiante	1 f.	50 c.
Le Quotiambe	1 f.	20 c.
L'Almanach Romain des loteries. .	1 f.	20 c.
Le Catéchisme des Actionnaires et Receveurs de la loterie.	1 f.	20 c.
Le Télégraphe de la Fortune ou le nouveau jeu d'Ambes	1 f.	20 c
Le livre général des Rêves.	1 f.	20 c.
Le Traité Universel.		70 c.
Le livre de l'Etoile du Bonheur		60 c.

NOMS

ANNEXÉS AUX 90 NUMÉROS,

Avant la suppression de la Loterie,

---

1 Adelle.
2 Balbine.
3 Camille.
4 Denise.
5 Eustasie.
6 Félicité.
7 Georgette.
8 Hélène.
9 Joséphine.
10 Léonore.
11 Modeste.
12 Natalie.
13 Odille.
14 Pauline.
15 Romualde.
16 Sidonie.
17 Telchide.
18 Ursule.
19 Agathe.
20 Barbe.
21 Cécile.
22 Dorothée.
23 Eutrope.
24 Flore.
25 Gertrude.
26 Henriette.
27 Isabelle.
28 Louise.
29 Mélanide.
30 Nicette.
31 Olympie.
32 Pélagie.
33 Restitue.
34 Séraphine.
35 Théodore.
36 Victoire.
37 Agnès.
38 Bathilde.
39 Christine.
40 Donatille.
41 Emilie.
42 Françoise.
43 Geneviève.
44 Hilaire.
45 Jeanne.
46 Lucette.
47 Marianne.
48 Nicole.
49 Omère.
50 Perpétue.
51 Rosalie.
52 Sophie.
53 Thérèse.
54 Valérie.
55 Aspasie.
56 Béatrice.
57 Claire.
58 Dosithée.
59 Elisabeth.
60 Flaviane.
61 Germaine.
62 Honorine.
63 Julie.
64 Lucienne.
65 Marine.
66 Nicaise.
67 Ovide.
68 Perrine.
69 Renée.
70 Susanne.
71 Théophile.
72 Vestine.
73 Aurélie.
74 Brigitte.
75 Constance.
76 Drosine.
77 Eugénie.
78 Faustine.
79 Gervaise.
80 Hyppolite.
81 Justine.
82 Lucile.
83 Monique.
84 Nicosie.
85 Onésime.
86 Placide.
87 Rosette.
88 Silvie.
89 Timothée.
90 Virginie.

Ces noms peuvent s'appliquer aux Rêves.

NOUVEAU TARIF

Du produit des lots, suivant la nouvelle monnaie française.

Prix des mises.	*Extr. à 15 fois la mise.*	*Amb. à 270 fois la mise.*	*Tern. à 5500 fois la mise.*	*Quate. à 75000 fois la mise.*	*Extr. déter. à 70 fois la mise.*	*Amb déter à 5100 fois la mise.*
fr. *c.*	*fr.* *c.*	*fr.*	*fr.*	*fr.*	*fr.* *c.*	*fr.*
5	. . .	. . .	275	3750	. . .	. . .
10	. . .	27	550	7500	. . .	510
15	. . .	. . .	825	11250	. . .	. . .
20	. . .	54	1100	15000	. . .	1020
25	3 75	. . .	1375	18750	17 50	. . .
30	. . .	81	1650	22500	. . .	1530
35	. . .	. . .	1925	26250	. . .	. . .
40	. . .	108	2200	30000	. . .	2040
45	. . .	. . .	2475	33750	. . .	. . .
50	7 50	135	2750	37500	35	2550
55	. . .	. . .	3025	41250	. . .	. . .
60	. . .	162	3300	45000	. . .	3060
65	. . .	. . .	3575	48750	. . .	. . .
70	. . .	189	3850	52500	. . .	3570
75	11 25	. . .	4125	56250	52 50	. . .
80	. . .	216	4400	60000	. . .	4080
85	. . .	. . .	4675	63750	. . .	. . .
90	. . .	243	4950	67500	. . .	4590
95	. . .	. . .	5225	71250	. . .	. . .
1	15	270	5500	75000	70	5100
1 50	22 50	405	8250	112500	105	7650
2	30	540	11000	150000	140	10200
2 50	37 50	675	13750	187500	175	12750
3	45	810	16500	225000	210	15300
6	90	1620	33000	450000	420	30600
9	135	2430	49500	675000	630	45900
12	180	3240	66000	900000	840	61200

TABLEAU

DES DIFFÉRENS JEUX HISTORIQUES

Et leurs plus longs retards, par Extraits et Ambes simples.

Jeu Favori. 36 37 38 39 43 63 88.

Plus long retard de l'extrait, 11 tirages, et par ambe, 60.

Jeu Cardinal. 5 14 23 47 78 82 84.

Plus long retard de l'extrait, 20 tirages, et par ambe, 106.

Jeu des Apôtres. 12 39 48 57 66 75 84.

Plus long retard de l'extrait, 17 tirages, et par ambe, 158.

Jeu des Jumeaux.

11 22 33 44 55 66 77 88.

Plus long retard de l'extrait, 17 tirages, et par ambe, 99.

Jeu d'Apollonius.

17 21 22 36 63 76 82 84 88.

Plus long retard de l'extrait, 17 tirages, et par ambe, 59.

Ces jeux peuvent se jouer à toutes les Loteries de France; les résultats ont été très-avantageux. C'est pour satisfaire les Actionnaires et Receveurs, que j'ai inséré ces Jeux dans mes livres.

Nombres qui se retournent trois fois.

EXEMPLE.

	16	19	61.	
	26	29	62.	
Rois	36	39	63.	*Mages.*
	46	49	64.	
	56	59	65.	
	67	76	79.	
	68	86	89.	

SYMPATHIE UNIVERSELLE,

Applicable à toutes les Loteries composées de quatre-vingt-dix numéros.

Nos.	Jeux sympat.	Nos.	Jeux sympat.
1 .	29 37 76 90	29 .	1 37 53 76
2 .	5 20 40 80	30 .	32 42 63 75
3 .	36 39 53 90	31 .	11 21 66 71
4 .	12 22 64 84	32 .	30 36 42 73
5 .	2 20 40 80	33 .	73 82 84 88
6 .	18 35 36 63	34 .	36 44 55 84
7 .	17 37 50 76	35 .	6 18 40 82
8 .	7 9 32 88	36 .	11 39 63 83
9 .	7 69 83 90	37 .	18 36 49 88
10 .	9 32 37 84	38 .	15 52 57 83
11 .	16 46 64 84	39 .	9 36 63 73
12 .	15 48 60 79	40 .	19 32 48 90
13 .	3 26 42 73	41 .	1 23 77 83
14 .	7 21 74 88	42 .	30 32 63 75
15 .	2 40 48 75	43 .	3 34 54 88
16 .	11 36 46 84	44 .	36 52 71 82
17 .	11 59 75 76	45 .	21 37 59 83
18 .	35 36 73 82	46 .	11 16 64 88
19 .	17 40 44 75	47 .	29 36 63 82
20 .	2 5 22 80	48 .	12 36 40 63
21 .	22 30 67 84	49 .	37 50 63 88
22 .	2 52 76 88	50 .	7 27 37 61
23 .	3 15 40 84	51 .	9 57 76 88
24 .	6 36 75 88	52 .	22 36 44 71
25 .	12 52 75 82	53 .	21 29 33 90
26 .	3 13 15 61	54 .	19 27 48 84
27 .	17 37 50 84	55 .	22 36 57 86
28 .	10 35 62 82	56 .	36 71 78 88

SUITE DE LA SYMPATHIE UNIVERSELLE.

Nos.	Jeux sympat.	Nos.	Jeux sympat.
57 .	38 44 51 88	74 .	14 30 36 78
58 .	6 36 37 88	75 .	17 42 76 88
59 .	17 37 82 86	76 .	7 17 36 88
60 .	12 36 48 79	77 .	1 41 83 84
61 .	15 36 63 88	78 .	18 40 71 74
62 .	32 42 75 88	79 .	12 32 48 60
63 .	36 39 48 74	80 .	2 5 20 90
64 .	11 46 82 84	81 .	15 46 75 88
65 .	16 56 86 90	82 .	16 33 36 76
66 .	31 44 64 88	83 .	9 41 71 90
67 .	21 30 57 90	84 .	11 22 23 71
68 .	30 52 63 85	85 .	7 21 63 88
69 .	9 16 61 83	86 .	17 44 55 88
70 .	10 37 52 64	87 .	9 62 63 90
71 .	22 44 52 78	88 .	14 17 62 76
72 .	30 40 75 79	89 .	15 36 48 63
73 .	33 39 40 82	90 .	1 3 40 83

Ces Jeux sont variables, c'est-à-dire que chaque tirage annonce cinq jeux, et on ne jouera que celui qui sera le plus ancien. Le tirage suivant, on change de jeux, en observant la même règle, c'est-à-dire en ne jouant que le plus vieux des cinq jeux; ils peuvent se jouer par extraits, ambes, ternes et quaternes.

Cette opération est applicable à toutes les loteries composées de quatre-vingt-dix numéros, et éprouvera quelque changemens tous les six mois, pour suivre le torrent de la sympathie.

CALCUL Progressif

des chances simples.

Extraits.	Ambes.	Ternes.	Quaternes.	Quines.
1	.	.	.	.
2	1	.	.	.
3	3	1	.	.
4	6	4	1	.
5	10	10	5	1
6	15	20	15	6
7	21	35	35	21
8	28	56	70	56
9	36	84	126	126
10	45	120	210	252
11	55	165	330	462
12	66	220	495	792
13	78	286	715	1287
14	91	364	1001	2002
15	105	455	1365	3003
16	120	560	1820	4368
17	136	680	2380	6188
18	153	816	3060	8568
19	171	969	3876	11628
20	190	1140	4845	15504
21	210	1330	5985	20349
22	231	1540	7315	26334
23	253	1771	8855	33649
24	276	2024	10626	42504
25	300	2300	12650	53130
26	325	2600	14950	65780
27	351	2925	17550	80730
28	378	3276	20475	98280
29	406	3654	23751	118755
30	435	4060	27405	142506

CALCUL PROGRESSIF
des chances simples.

Extraits	Ambes.	Ternes.	Quaternes.	Quines.
31	465	4495	31465	169911
32	496	4960	35960	201376
33	528	5456	40920	237336
34	561	5984	46376	278256
35	595	6545	52360	324632
36	630	7140	58905	376992
37	666	7770	66045	435897
38	703	8436	73815	501942
39	741	9139	82251	575757
40	780	9880	91390	658008
41	820	10660	101270	749398
42	861	11480	111930	850668
43	903	12341	123410	962598
44	946	13244	135751	1086008
45	990	14190	148995	1221759
46	1035	15180	163185	1370754
47	1081	16215	178365	1533939
48	1128	17296	194580	1712304
49	1176	18424	211876	1906884
50	1225	19600	230300	2118760
51	1275	20825	249900	2349060
52	1326	22100	270725	2598960
53	1378	23426	292825	2869685
54	1431	24804	316251	3162510
55	1485	26235	341055	3478761
56	1540	27720	367290	3819816
57	1596	29260	395010	4187106
58	1653	30856	424270	4582116
59	1711	32509	455126	5006386
60	1770	34220	487635	5461512

CALCUL PROGRESSIF des chances simples.

Extr.	Ambes.	Ternes.	Quaternes.	Quines.
61	1830	35990	521855	5949147
62	1891	37820	557845	6471002
63	1953	39711	595665	7028847
64	2016	41664	635376	7624512
65	2080	43680	677040	8259888
66	2145	45760	720720	8936928
67	2211	47905	766480	9657648
68	2278	50116	814385	10424128
69	2346	52394	864501	11238513
70	2415	54740	916895	12103014
71	2485	57155	971635	13019909
72	2556	59640	1028790	13991544
73	2628	62196	1088430	15020334
74	2701	64824	1150626	16108764
75	2775	67525	1215450	17259390
76	2850	70300	1282975	18474840
77	2926	73150	1353275	19757815
78	3003	76076	1426425	21111090
79	3081	79079	1502501	22537515
80	3160	82160	1581580	24040016
81	3240	85320	1663740	25621596
82	3321	88560	1749060	27285336
83	3403	91881	1837620	29034396
84	3486	95284	1929501	30872016
85	3570	98770	2024785	32801517
86	3655	102340	2123555	34826302
87	3741	105995	2225895	36949857
88	3828	109736	2331890	39175752
89	3916	113564	2441626	41507642
90	4005	117480	2555190	43949268

CALCUL PROGRESSIF des Ambes déterminés.

2 Nos.	*Sur deux sorties, font,*	*Sur trois sorties, font,*	*Surquat. sorties, font,*	*Sur cinq sorties, font,*
. . .	2	6	12	20
3	6	18	36	60
4	12	36	72	120
5	20	60	120	200
6	30	90	180	300
7	42	126	252	420
8	56	168	236	560
9	72	216	432	720
10	90	270	540	900
11	110	330	660	1100
12	132	396	792	1320
13	156	468	936	1560
14	182	546	1092	1820
15	210	630	1260	2100
16	240	720	1440	2400
17	272	816	1632	2720
18	306	918	1836	3060
19	342	1026	2052	3420
20	380	1140	2280	3800
21	420	1260	2520	4200
22	462	1386	2772	4620
23	506	1518	3036	5060
24	552	1656	3312	5520
25	600	1800	3600	6000
26	650	1950	3900	6500
27	702	2106	4212	7020
28	756	2268	4536	7560
29	812	2436	4872	8120
30	870	2610	5220	8700

CALCUL Progressif des Ambes déterminés.

31 Nos	Sur deux sorties, font,	Sur trois sorties, font,	Sur quat. sorties, font,	Sur cinq sorties, font,
. . .	930	2790	5580	9300
32	992	2976	5952	9920
33	1056	3168	6336	10560
34	1122	3366	6732	11220
35	1190	3570	7140	11900
36	1260	3780	7560	12600
37	1332	3996	7992	13320
38	1406	4218	8436	14060
39	1482	4446	8892	14820
40	1560	4680	9360	15600
41	1640	4920	9840	16400
42	1722	5166	10332	17220
43	1806	5418	10836	18060
44	1892	5676	11352	18920
45	1980	5940	11880	19800
46	2070	6210	12420	20700
47	2162	6486	12972	21620
48	2256	6768	13536	22560
49	2352	7056	14112	23520
50	2450	7350	14700	24500
51	2550	7650	15300	25500
52	2652	7956	15912	26520
53	2756	8268	16536	27560
54	2862	8586	17172	28620
55	2970	8910	17820	29700
56	3080	9240	18480	30800
57	3192	9576	19152	31920
58	3306	9918	19836	33060
59	3422	10266	20532	34220
60	3540	10620	21240	35400

CALCUL PROGRESSIF des Ambes déterminés.

61 Nos	*Sur deux sorties, font,*	*Sur trois sorties, font,*	*Sur quat. sorties, font,*	*Sur cinq sorties, font,*
. . . .	3660	10980	21960	36600
62	3782	11346	22692	37820
63	3906	11718	23436	39060
64	4032	12096	24192	40320
65	4160	12480	24960	41600
66	4290	12870	25740	42900
67	4422	13266	26532	44220
68	4556	13668	27336	45560
69	4692	14076	28152	46920
70	4830	14490	28980	48300
71	4970	14910	29820	49700
72	5112	15336	30672	51120
73	5256	15768	31536	52560
74	5402	16206	32412	54020
75	5550	16650	33300	55500
76	5700	17100	34200	57000
77	5852	17556	35112	58520
78	6006	18018	36036	60060
79	6162	18486	36972	61620
80	6320	18960	37920	63200
81	6480	19440	38880	64800
82	6642	19926	39852	66420
83	6806	20418	40836	68060
84	6972	20916	41832	69720
85	7140	21420	42840	71400
86	7310	21930	43860	73100
87	7482	22446	44892	74820
88	7656	22968	45936	76560
89	7832	23496	46992	78320
90	8010	24030	48060	80100

TIRAGES
DE
LA LOTERIE
DE
L'ÉCOLE MILITAIRE,

Depuis son Établissement en 1758, jusqu'au mois d'Août 1776.

Année 1758.						Tir.	obs.
Avril.	83	4	51	27	5	1	
Mai.	.	.	.	.	.		
Juin.	45	87	50	47	6	2	
Juillet.	.	.	.	.	.		
Août.	15	38	54	11	29	3	
Septemb.	.	.	.	.	.		
Octobre.	37	19	50	88	10	4	
Novemb.	31	71	81	50	27	5	
Décemb.	.	.	.	.	.		
ANNÉE 1759.							
Janvier.	53	10	84	22	45	6	
Février.	84	16	87	37	1	7	
Mars.	.	.	.	.	.		
Avril.	90	39	44	89	45	8	
Mai.	15	5	21	76	8	9	
Juin.	36	31	57	4	52	10	
Juillet.	22	8	68	70	6	11	
Août.	67	29	16	32	85	12	
Septemb.	.	.	.	.	.		

Année 1759.						*Tir.*	*obs.*
Octobre.	9	35	88	38	16	13	
Novemb.	36	72	38	43	3	14	
Décemb.	80	78	87	1	9	15	
Année 1760.							
Janvier.	17	59	41	75	37	16	
Février.	39	30	64	28	56	17	
Mars.	83	31	64	27	66	18	
Avril.	7	23	12	57	83	19	
Mai.	63	49	85	36	83	20	
Juin.	71	58	30	35	64	21	
Juillet.	68	41	88	56	11	22	
Août.	46	77	49	88	50	23	
Septemb.	62	89	28	30	38	24	
Octobre.	57	32	26	84	38	25	
Novemb.	6	20	38	52	57	26	
Décemb.	80	68	77	57	11	27	
Année 1761.							
Janvier.	3	46	16	69	44	28	
Février.	50	42	71	33	66	29	
Mars.	53	7	76	70	30	30	
Avril.	14	42	7	1	21	31	
Mai.	21	36	63	39	9	32	
Juin.	51	89	17	34	4	33	
Juillet.	59	5	45	44	89	34	
Août.	64	11	70	53	65	35	
Septemb.	31	76	70	2	33	36	
Octobre.	76	46	64	21	82	37	
Novemb.	4	30	70	6	11	38	
Décemb.	81	30	24	16	83	39	

Année 1762.						Tir.	obs.
Janvier.	11	45	3	90	82	40	
Février.	36	45	42	83	90	41	
Mars.	3	19	9	53	8	42	
Avril.	40	19	58	55	38	43	
Mai.	27	76	59	17	75	44	
Juin.	37	67	35	74	57	45	
Juillet.	53	38	6	26	32	46	
Août.	54	80	15	65	62	47	
Septemb.	31	38	37	61	74	48	
Octobre.	12	25	38	14	10	49	
Novemb.	31	87	54	20	53	50	
Décemb.	71	8	41	64	35	51	
Année. 1763.							
Janvier.	69	89	66	82	20	52	
Février.	19	30	3	42	18	53	
Mars.	79	43	22	82	44	54	
Avril.	86	61	2	14	7	55	
Mai.	19	34	7	59	56	56	
Juin.	40	65	43	15	55	57	
Juillet.	64	4	26	55	22	58	
Août.	9	64	22	51	28	59	
Septemb.	25	75	17	38	82	60	
Octobre.	33	14	54	30	8	61	
Novemb.	27	25	58	67	48	62	
Décemb.	2	39	36	6	90	63	
Année. 1764.							
Janvier.	84	87	82	86	23	64	
Février.	37	87	73	64	27	65	
Mars.	48	5	80	46	86	66	
Avril.	62	2	59	54	55	67	

ANNÉE 1764.						Tir.	obs.
Mai.	68	70	29	28	37	68	
Juin.	53	90	48	73	65	69	
Juillet.	7	64	46	48	79	70	
Août.	70	21	35	77	23	71	
Septemb.	61	41	12	84	52	72	
Octobre.	21	79	7	60	53	73	
Novemb.	35	78	7	66	3	74	
Décemb.	30	74	89	88	14	75	
ANNÉE 1765.							
Janvier.	42	75	25	63	36	76	
Février.	17	65	45	69	42	77	
Mars.	56	1	21	6	86	78	
Avril.	37	11	19	13	81	79	
Mai.	42	86	11	17	64	80	
Juin.	54	15	3	51	85	81	
Juillet.	24	87	77	88	17	82	
Août.	10	29	66	17	76	83	
Septemb.	44	88	45	16	51	84	
Octobre.	36	51	35	37	62	85	
Novemb.	53	79	18	6	12	86	
Décemb.	20	62	73	26	80	87	
ANNÉE 1766.							
Janvier.	55	30	59	36	86	88	
Février.	60	35	27	71	65	89	
Mars.	79	63	86	83	55	90	
Avril.	24	60	42	52	20	91	
Mai.	70	80	56	6	18	92	
Juin.	32	41	28	17	21	93	
Juillet.	44	59	21	38	55	94	

Année 1766.						Tir.	obs.
Août.	57	62	82	34	39	95	
Septemb.	15	1	84	56	20	96	
Octobre.	71	34	65	13	60	97	
Novemb.	13	35	48	29	71	98	
Décemb.	73	23	26	58	85	99	
Année 1767.							
Janvier.	14	53	10	58	89	100	
Février.	37	17	8	52	20	101	
Mars.	59	12	4	48	82	102	
Avril.	63	62	25	3	42	103	
Mai.	90	70	42	47	66	104	
Juin.	3	51	74	43	20	105	
Juillet.	45	4	64	79	31	106	
Août.	58	59	16	83	82	107	
Septemb.	81	73	77	54	70	108	
Octobre.	25	64	83	27	62	109	
Novemb.	44	58	35	43	81	110	
Décemb.	40	85	16	15	83	111	
Année 1768.							
Janvier.	47	59	76	48	88	112	
Février.	76	60	86	72	35	113	
Mars.	86	23	22	58	54	114	
Avril.	43	54	30	73	22	115	
Mai.	17	73	41	11	67	116	
Juin.	75	14	7	32	31	117	
Juillet.	49	44	69	27	3	118	
Août.	48	53	43	20	78	119	
Septemb.	17	11	50	38	71	120	
Octobre.	9	84	80	74	85	121	

Année 1768.						Tir.	obs.
Novemb.	39	78	1	71	44	122	
Décemb.	80	72	81	44	20	123	
Année 1769.							
Janvier.	86	83	72	55	35	124	
Février.	16	34	24	20	33	125	
Mars.	83	43	80	42	25	126	
Avril.	61	22	80	76	85	127	
Mai.	88	58	28	43	62	128	
Juin.	38	37	57	54	80	129	
Juillet.	30	10	58	76	68	130	
Août.	18	1	50	47	24	131	
Septemb.	35	80	89	16	39	132	
Octobre.	86	50	21	49	89	133	
Novemb.	78	52	54	59	9	134	
Décemb.	64	29	32	8	26	135	
Année 1770.							
Janvier.	86	17	19	73	40	136	
Février.	33	39	18	5	53	137	
Mars.	22	82	1	3	62	138	
Avril.	42	17	62	21	13	139	
Mai.	36	43	41	2	28	140	
Juin.	77	20	79	18	27	141	
Juillet.	67	81	30	82	79	142	
Août.	75	69	64	76	66	143	
Septemb.	8	9	1	30	3	144	
Octobre.	79	73	41	67	24	145	
Novemb.	14	63	31	18	78	146	
Décemb.	29	70	22	56	64	147	

ANNÉE 1771.						Tir.	obs.
Janvier.	73	25	36	66	68	148	
Février.	69	45	78	30	44	149	
Mars.	27	31	83	7	48	150	
Avril.	75	30	62	6	10	151	
Mai.	70	59	32	6	81	152	
Juin.	64	78	69	22	85	153	
Juillet.	56	21	63	27	53	154	
Août.	72	61	26	53	33	155	
Septemb.	89	32	5	34	26	156	
Octobre.	4	41	70	81	28	157	
Novemb.	51	40	86	62	68	158	
Décemb.	47	16	90	39	44	159	
ANNÉE 1772.							
Janvier.	32	29	34	90	21	160	
Février.	67	46	52	53	30	161	
Mars.	77	54	40	72	23	162	
Avril.	5	69	29	71	26	163	
Mai.	63	74	58	2	24	164	
Juin.	21	62	79	44	19	165	
Juillet.	3	30	37	27	75	166	
Août.	74	78	61	56	5	167	
Septemb.	2	74	51	38	61	168	
Octobre.	47	59	57	38	15	169	
Novemb.	37	18	45	48	77	170	
Décemb.	59	30	50	52	60	171	
ANNÉE 1773.							
Janvier.	50	36	44	57	61	172	
Février.	61	80	52	15	71	173	
Mars.	70	2	22	52	3	174	

Année 1773.						Tir.	obs.
Avril.	57	83	11	64	38	175	
Mai.	40	11	23	84	28	176	
Juin,	33	32	70	83	40	177	
Juillet	49	60	15	17	75	178	
Août.	74	7	41	22	19	179	
Septemb.	47	85	34	82	55	180	
Octobre.	72	5	51	32	3	181	
Novemb.	25	90	38	14	87	182	
Décemb.	86	42	16	73	22	183	
Année 1774.							
Janvier.	82	23	40	15	84	184	
Février.	69	83	48	6	89	185	
Mars.	73	85	9	33	68	186	
Avril.	40	24	78	6	53	187	
Mai.	78	33	72	34	45	188	
Juin.	57	36	2	6	51	189	
Juillet.	62	73	27	54	15	190	
Août.	71	39	52	3	2	191	
Septemb.	74	7	78	39	16	192	
Octobre.	11	31	66	26	59	193	
Novemb.	87	71	35	72	3	194	
Décemb.	38	65	8	11	82	195	
Année 1775.							
Janvier.	50	17	87	42	18	196	
Février.	80	5	11	28	35	197	
Mars.	66	9	7	78	22	198	
Avril.	32	71	83	64	85	199	
Mai.	15	4	12	37	39	200	
Juin.	51	57	79	84	80	201	

Année 1775.					Tir.	obs.
Juillet.	57 38 32 31 13				202	
Août.	81 30 63 61 55				203	
Septemb.	35 5 54 81 74				204	
Octobre.	29 22 76 77 81				205	
Novemb.	9 28 11 32 5				206	
Décemb.	36 17 50 39 49				207	
Année 1776.						
Janvier.	44 37 59 88 61				208	
Février.	57 37 10 70 45				209	
Mars.	42 86 15 21 67				210	
Avril.	53 73 52 74 70				211	
Mai.	36 24 62 19 88				212	
Juin.	85 54 78 87 57				213	
Juilllet.	19 75 42 6 27				214	
Août.	87 9 50 20 61				215	

TIRAGES DE LA LOTERIE *DE FRANCE*,

Depuis son Établissement, jusqu'au 16 Octob. 1793, époque de sa suppression.

Année 1776.	Tir.
Septemb. 7 40 54 67 69	216
Octobre. 61 31 66 4 70	217

ANNÉE 1776.						Tir.	obs.
Idem.	90	4	15	14	55	218	
Novemb.	54	65	20	89	90	219	
Idem.	77	83	32	41	44	220	
Décemb.	28	77	25	82	86	221	
Idem.	41	40	64	36	82	222	
ANNÉE 1777							
Janvier.	5	89	36	85	23	223	
Idem.	10	52	49	84	35	224	
Février.	12	21	1	27	30	225	
Idem.	29	23	85	42	25	226	
Mars.	51	63	17	82	52	227	
Idem.	2	6	53	24	18	228	
Avril.	65	58	14	82	78	229	
Idem.	24	47	52	68	40	230	
Mai.	2	90	32	10	17	231	
Idem.	9	67	89	78	21	232	
Juin.	82	47	84	40	35	233	
Idem.	82	31	73	78	65	234	
Juillet	22	17	31	33	32	235	
Idem.	64	10	73	63	36	236	
Août.	27	65	39	75	28	237	
Idem.	32	73	48	43	56	238	
Septemb.	49	67	34	68	55	239	
Idem.	22	11	63	55	9	240	
Octobre.	14	73	43	88	18	241	
Idem.	78	62	42	74	22	242	
Novemb.	21	1	69	45	51	243	
Idem.	33	22	28	83	36	244	
Décemb.	63	87	32	73	39	245	
Idem.	46	19	4	54	37	246	

ANNEE 1778.						*Tir.*	*obs.*
Janvier.	7	34	65	73	26	247	
Idem.	24	55	36	50	15	248	
Février.	76	21	71	30	59	249	
Idem.	63	21	49	74	80	250	
Mars.	37	64	75	59	61	251	
Idem.	85	88	28	20	5	252	
Avril.	52	22	5	67	2	253	
Idem.	69	49	29	78	71	254	
Mai.	75	73	21	50	12	255	
Idem.	13	26	90	10	20	256	
Juin.	44	85	49	60	15	257	
Idem.	73	20	50	25	47	258	
Juillet.	73	78	80	47	33	259	
Idem.	18	12	71	52	38	260	
Août.	41	63	82	68	84	261	
Idem.	1	86	10	89	63	262	
Septemb.	76	44	85	52	60	263	
Idem.	68	19	52	28	44	264	
Octobre.	61	66	65	31	39	265	
Idem.	88	29	36	89	3	266	
Novemb.	34	61	48	60	87	267	
Idem.	27	61	9	46	24	268	
Décemb.	44	73	88	39	71	269	
Idem.	41	56	83	14	88	270	
ANNEE 1779.							
Janvier.	21	67	80	22	84	271	
Idem.	79	10	73	84	15	272	
Février.	64	33	57	82	45	273	
Idem.	47	38	88	71	59	274	
Mars.	29	82	27	84	14	275	

ANNÉE 1779.						Tir.	obs.
Idem.	60	68	20	6	84	276	
Avril.	9	28	2	12	39	277	
Idem.	12	60	34	87	8	278	
Mai.	32	26	61	36	90	279	
Idem.	11	88	90	27	54	280	
Juin.	75	16	30	88	56	281	
Idem.	65	7	69	90	76	282	
Juillet.	4	36	42	7	50	283	
Idem.	20	63	89	73	75	284	
Août.	20	81	43	17	70	285	
Idem.	86	39	17	24	47	286	
Septemb.	55	76	18	59	62	287	
Idem.	78	39	75	24	26	288	
Octobre.	73	21	86	32	66	289	
Idem.	28	53	72	90	56	290	
Novemb.	2	62	67	60	34	291	
Idem.	90	79	6	23	33	292	
Décemb.	10	57	33	44	22	293	
Idem.	70	27	90	64	81	294	
ANNÉE 1780.							
Janvier.	73	44	74	12	37	295	
Idem.	63	76	70	74	15	296	
Février.	83	74	88	54	5	297	
Idem.	82	69	5	43	14	298	
Mars.	88	60	56	68	26	299	
Idem.	36	63	9	18	47	300	
Avril.	65	33	41	68	78	301	
Idem.	1	58	48	88	30	302	
Mai.	82	13	33	88	25	303	

ANNÉE 1780.						Tir	obs.
Idem.	49	29	53	9	47	304	
Juin.	88	47	32	87	35	305	
Idem.	84	5	32	14	3	306	
Juillet.	55	2	28	81	80	307	
Idem.	82	18	5	89	87	308	
Août.	26	2	37	41	44	309	
Idem.	80	61	16	36	47	310	
Septemb.	24	66	42	34	46	311	
Idem.	88	63	37	38	43	312	
Octobre.	43	48	11	36	7	313	
Idem.	62	63	9	54	46	314	
Novemb.	53	8	30	85	84	315	
Idem.	68	31	42	74	21	316	
Décemb.	12	19	63	52	30	317	
Idem.	40	75	58	48	14	318	
ANNÉE 1781.							
Janvier.	51	31	11	75	35	319	
Idem.	56	74	80	41	83	320	
Février.	48	3	78	53	71	321	
Idem.	71	16	5	26	41	322	
Mars.	51	21	61	22	79	323	
Idem.	84	76	56	23	35	324	
Avril.	71	40	7	61	50	325	
Idem.	33	22	88	53	35	326	
Mai.	75	76	27	50	82	327	
Idem.	61	76	65	39	48	328	
Juin.	53	17	50	86	27	329	
Idem.	72	44	86	59	29	330	
Juillet.	31	13	11	88	69	331	

Année 1781.						tir.	obs.
Idem.	22	17	9	49	51	332	
Août.	63	34	40	26	21	333	
Idem.	84	43	46	2	51	334	
Septemb.	71	53	26	13	38	335	
Idem.	42	75	62	49	18	336	
Octobre.	20	23	42	68	67	337	
Idem.	1	83	90	24	19	338	
Novem.	29	41	90	80	1	339	
Idem.	83	36	40	32	76	340	
Décem.	54	67	86	21	89	341	
Idem.	33	85	45	31	55	342	
Année 1782.							
Janvier.	61	21	55	72	49	343	
Idem.	27	10	50	28	34	344	
Février.	55	20	24	90	13	345	
Idem.	43	36	52	48	86	346	
Mars.	29	47	5	27	84	347	
Idem.	78	36	14	82	23	348	
Avril.	34	56	12	36	19	349	
Idem.	48	14	72	35	28	350	
Mai.	49	40	30	60	76	351	
Idem.	87	88	5	84	52	352	
Juin.	53	57	76	47	51	353	
Idem.	52	66	82	16	33	354	
Juillet.	85	41	49	5	47	355	
Idem.	63	22	16	32	53	356	
Août.	46	45	25	21	84	357	
Idem.	79	18	81	37	13	358	
Septem.	3	1	44	85	9	359	
Idem.	37	7	87	66	6	360	

ANNÉE 1782.						tir.	obs.
Octobre.	76	64	17	15	39	361	
Idem.	2	50	48	37	63	362	
Novem.	55	22	21	86	72	363	
Idem.	68	52	31	17	58	364	
Décem.	39	71	30	68	70	365	
Idem.	83	46	48	25	3	366	
ANNÉE 1783.							
Janvier.	45	61	22	1	67	367	
Idem.	21	2	72	67	85	368	
Février.	6	26	18	74	82	369	
Idem.	25	15	68	37	3	370	
Mars.	26	73	77	82	10	371	
Idem.	24	41	75	23	78	372	
Avril.	33	66	88	28	62	373	
Idem.	1	71	16	72	64	374	
Mai.	49	22	88	90	61	375	
Idem.	1	2	37	76	17	376	
Juin.	75	28	2	17	89	377	
Idem.	60	83	64	62	15	378	
Juillet.	67	34	38	71	64	379	
Idem.	67	48	57	60	63	380	
Août.	48	7	3	36	16	381	
Idem.	76	2	50	12	81	382	
Septem.	58	5	37	17	36	383	
Idem.	52	39	21	29	56	384	
Octobre.	85	84	68	48	9	385	
Idem.	63	30	56	1	74	386	
Novem.	67	63	79	51	76	387	
Idem.	66	74	34	36	21	388	

ANNÉE 1783.						Tir.	Obs.
Décem.	24	4	8	17	50	389	
Idem.	32	11	74	10	86	390	
ANNÉE 1784.							
Janvier.	10	75	80	30	88	391	
Idem.	63	49	50	14	2	392	
Février.	57	50	52	55	49	393	
Idem.	66	90	18	37	47	394	
Mars.	35	82	68	49	10	395	
Idem.	36	39	47	35	3	396	
Avril.	6	64	22	23	88	397	
Idem.	59	65	66	9	17	398	
Mai.	42	79	13	17	76	399	
Idem.	7	11	87	20	8	400	
Juin.	58	41	75	34	31	401	
Idem.	31	11	16	17	2	402	
Juillet.	5	30	47	53	21	403	
Idem.	40	57	62	81	82	404	
Août.	18	86	1	59	49	405	
Idem.	8	34	43	55	19	406	
Septemb.	6	71	51	65	10	407	
Idem.	76	77	53	61	11	408	
Octobre.	40	80	72	68	50	409	
Idem.	67	42	4	1	51	410	
Novem.	58	9	20	75	40	411	
Idem.	35	27	7	32	30	412	
Décem.	51	10	59	35	50	413	
Idem.	61	76	62	17	46	414	
ANNÉE 1785.							
Janvier.	79	69	7	51	1	415	
Idem.	33	75	73	22	51	416	

ANNÉE 1785.						*Tir.*	*obs.*
Février.	69	22	63	37	27	417	
Idem.	69	4	82	60	47	418	
Mars.	62	33	28	53	73	419	
Idem.	76	51	88	73	7	420	
Avril.	10	19	18	23	85	421	
Idem.	84	3	39	23	54	422	
Mai.	42	27	40	20	77	423	
Idem.	19	77	21	29	78	424	
Juin.	19	5	57	4	56	425	
Idem.	22	84	79	37	60	426	
Juillet.	70	18	53	75	4	427	
Idem.	67	52	78	88	40	428	
Août.	27	84	71	63	17	429	
Idem.	57	50	60	48	86	430	
Septemb.	36	62	52	79	22	431	
Idem.	47	27	19	15	44	432	
Octob.	20	32	71	74	73	433	
Idem.	40	12	8	32	83	434	
Novemb.	1	60	75	30	62	435	
Idem.	19	81	10	86	70	436	
Décemb.	2	64	89	61	41	437	
Idem.	1	53	90	3	40	438	
ANNÉE 1786.							
Janvier.	56	67	38	51	52	439	
Idem.	15	73	90	25	9	440	
Février.	75	46	83	39	88	441	
Idem.	81	4	18	52	74	442	
Mars.	77	76	90	51	71	443	
Idem.	58	66	72	7	37	444	
Avril.	49	28	10	90	79	445	

ANNÉE 1786.						Tir.	obs.
Idem.	48	78	12	37	64	446	
Mai.	42	5	51	38	27	447	
Idem.	77	35	30	6	74	448	
Juin.	1	27	46	37	29	449	
Idem.	47	14	73	70	10	450	
Juillet.	4	64	57	32	10	451	
Idem.	67	56	66	48	59	452	
Août.	77	15	84	17	2	453	
Idem.	20	49	22	76	7	454	
Septemb.	87	48	46	90	26	455	
Idem.	42	22	75	47	45	456	
Octobre.	59	19	68	29	82	457	
Idem.	67	49	26	51	55	458	
Novemb.	32	36	67	37	81	459	
Idem.	48	56	36	72	71	460	
Décem.	86	44	2	78	71	461	
Idem.	55	22	1	58	56	462	
ANNÉE 1787.							
Janvier.	84	6	75	42	39	463	
Idem.	34	86	39	59	55	464	
Février.	32	70	11	35	9	465	
Idem.	6	84	3	62	52	466	
Mars.	22	26	12	66	32	467	
Idem.	76	68	63	17	30	468	
Avril.	77	58	60	59	18	469	
Idem.	31	72	25	35	6	470	
Mai.	82	44	62	88	46	471	
Idem.	68	76	75	19	41	472	
Juin.	54	19	60	87	46	473	
Idem.	56	88	32	57	84	474	

ANNÉE 1787.						Tir.	obs.
Juillet.	76	40	22	43	71	475	
Idem.	1	44	8	57	6	476	
Août.	64	12	31	54	4	477	
Idem.	38	39	74	14	22	478	
Septemb.	12	15	32	25	77	479	
Idem.	33	82	14	76	89	480	
Octob.	73	34	33	8	71	481	
Idem.	54	61	5	22	43	482	
Novem.	79	84	23	75	88	483	
Idem.	7	50	24	54	38	484	
Décem.	86	15	45	54	59	485	
Idem.	21	66	82	60	40	486	
ANNÉE 1788.							
Janvier.	60	6	26	5	59	487	
Idem.	31	15	11	87	2	488	
Février.	61	85	5	48	20	489	
Idem.	29	36	61	63	18	490	
Mars.	81	42	30	82	64	491	
Idem.	49	16	75	46	26	492	
Avril.	5	62	53	78	39	493	
Idem.	32	30	75	16	42	494	
Mai.	23	10	30	42	32	495	
Idem.	65	55	63	79	78	496	
Juin.	48	2	74	25	90	497	
Idem.	12	86	88	66	83	498	
Juillet.	3	78	67	15	36	499	
Idem.	75	74	62	38	2	500	
Août.	90	55	80	58	83	501	
Idem.	8	4	43	62	80	502	

ANNÉE 1788.						Tir.	obs.
Septem.	87	38	9	90	45	503	
Idem.	89	81	18	17	19	504	
Octob.	21	66	71	37	10	505	
Idem.	52	44	32	31	66	506	
Novem.	7	13	88	34	14	507	
Idem.	67	78	68	82	72	508	
Décem.	11	27	60	63	31	509	
Idem.	5	50	9	64	87	510	
ANNÉE 1789.							
Janvier.	34	53	55	18	37	511	
Idem.	3	11	35	82	12	512	
Février.	62	77	40	71	20	513	
Idem.	64	27	24	38	72	514	
Mars.	7	90	4	25	47	515	
Idem.	80	67	39	72	27	516	
Avril.	4	23	2	16	1	517	
Idem.	11	13	70	53	90	518	
Mai.	14	42	60	21	30	519	
Idem.	56	65	64	87	74	520	
Juin.	2	62	15	66	11	521	
Idem.	80	88	76	42	25	522	
Juillet.	45	3	80	47	13	523	
Idem.	11	12	72	48	82	524	
Août.	90	33	38	55	15	525	
Idem.	26	7	62	82	33	526	
Septem.	88	33	37	18	35	527	
Idem.	36	46	89	60	24	528	
Octob.	82	64	15	63	1	529	
Idem.	74	10	18	28	44	530	

Année 1789.						Tir.	obs.
Novem.	12	35	52	55	74	531	
Idem.	33	90	4	14	80	532	
Décem.	87	28	73	21	23	533	
Idem.	53	90	35	3	72	534	
Année 1790.							
Janvier.	76	3	75	40	41	535	
Idem.	24	17	67	12	81	536	
Février.	86	75	83	19	34	537	
Idem.	36	54	35	75	4	538	
Mars.	42	6	70	52	15	539	
Idem.	42	64	44	14	65	540	
Avril.	84	77	7	59	83	541	
Idem.	34	37	20	69	6	542	
Mai.	6	11	52	50	70	543	
Idem.	89	49	27	15	36	544	
Juin.	66	75	26	50	37	545	
Idem.	77	55	21	13	45	546	
Juillet.	3	76	20	62	80	547	
Idem.	75	80	68	48	16	548	
Août.	46	66	90	57	87	549	
Idem.	65	62	77	88	8	550	
Septem.	14	13	57	70	88	551	
Idem.	29	66	46	21	71	552	
Octob.	71	17	47	26	87	553	
Idem.	42	36	31	66	44	554	
Novem.	51	57	74	39	31	555	
Idem.	23	58	61	63	16	556	
Décem.	47	89	56	50	78	557	
Idem.	39	74	14	63	57	558	

ANNÉE 1791.					Tir.	obs.
Janvier.	57	88	7	4	72	559	
Idem.	51	23	85	78	59	560	
Février.	7	49	71	22	76	561	
Idem.	6	36	3	84	37	562	
Mars.	77	25	58	63	36	563	
Idem.	68	47	12	66	48	564	
Avril.	25	28	8	26	63	565	
Idem.	67	3	83	85	8	566	
Mai.	88	75	73	19	84	567	
Idem.	9	42	51	63	39	568	
Juin.	24	52	99	7	81	569	
Idem.	16	37	9	83	70	570	
Juillet.	48	42	68	62	24	571	
Idem.	61	54	88	12	31	572	
Août.	5	33	72	27	40	573	
Idem.	5	73	79	20	46	574	
Septem.	17	18	53	37	83	575	
Idem.	51	57	46	80	55	576	
Octob.	59	54	67	41	81	577	
Idem.	80	61	13	28	14	578	
Novem.	27	35	6	79	54	579	
Idem.	35	6	82	44	59	580	
Décem.	8	17	4	51	88	581	
Idem.	5	71	22	76	86	582	
ANNEE 1792.							
Janvier.	59	25	67	37	44	583	
Idem.	75	51	87	23	22	584	
Février.	37	27	40	84	69	585	
Idem.	36	86	30	20	88	586	

ANNÉE 1792.						Tir.	obs.
Mars.	24	37	51	19	32	587	
Idem.	68	50	49	26	27	588	
Avril.	40	3	13	54	23	589	
Idem.	43	4	80	82	75	590	
Mai.	73	10	28	78	9	591	
Idem.	26	16	10	62	72	592	
Juin.	87	73	7	9	16	593	
Idem.	32	63	39	48	70	594	
Juillet.	5	40	57	65	10	595	
Idem.	35	25	12	10	48	596	
Août.	73	52	29	5	40	597	
Idem.	80	2	47	18	56	598	
Septem.	9	31	85	6	20	599	
Idem.	77	88	33	89	86	600	
Octob.	32	50	86	79	41	601	
Idem.	76	36	82	79	55	602	
Novem.	48	26	81	59	45	603	
Idem.	18	31	34	6	66	604	
Décem.	60	83	53	44	63	605	
Idem.	16	11	29	49	20	606	
ANNÉE 1793.							
Janvier.	69	9	61	83	16	607	
Idem.	43	25	10	9	27	608	
Février.	45	62	25	44	87	609	
Idem.	35	4	22	5	86	610	
Mars.	22	9	83	2	58	611	
Idem.	57	19	63	37	26	612	
Avril.	6	40	4	42	49	613	
Idem.	50	78	22	6	2	614	

ANNÉE 1793.						Tir.	obs.
Mai.	89	77	84	69	59	615	
Idem.	60	7	69	23	27	616	
Juin.	74	14	32	85	71	617	
Idem.	9	40	86	5	84	618	
Juillet.	45	8	50	10	32	619	
Idem.	37	40	66	81	13	620	
Août.	85	42	89	28	41	621	
Idem.	62	21	77	23	67	622	
Septem.	67	26	3	89	42	623	
Idem.	15	16	43	90	22	624	
Octob.	81	54	64	12	45	625	
Idem.	9	7	79	54	68	626	
Novem.	29	41	58	64	36	627	
Idem.	7	37	82	32	63	628	

Fin des Tirages.

TIRAGES DE PARIS,

Depuis le rétablissement de la Loterie.

Nota. Les tirages suivans se faisaient le 1er. et le 16 de chaque mois.

AN 6, ou 1797.						Tir.	
Frimaire.	70	27	86	77	49	629	Déc.
Nivôse.	2	44	17	67	15	630	
AN 6, ou 1798.							1798
Idem.	15	16	85	54	40	631	Janv
Pluviôse.	63	74	78	19	89	632	id.
Idem.	54	79	68	60	2	633	Fév.
Ventôse.	79	85	27	57	58	634	id.
Idem.	21	31	60	85	67	635	Mars

Paris suite, AN 6 ou 1798.						Tir.	obs.
Germin.	21	1	38	29	53	636	id.
Idem.	15	86	69	4	26	637	Avr.
Floréal.	30	11	12	50	47	638	id.
Idem.	44	36	11	5	18	639	Mai.
Prairial.	37	77	49	10	7	640	id.
Idem.	52	48	40	11	70	641	Juin
Messidor.	36	46	82	44	39	642	id.
Idem.	55	16	39	59	36	643	Juil.
Thermid.	86	62	15	44	73	644	id.
Idem.	29	75	11	89	90	645	Aoû
Fructid.	41	12	1	33	5	646	id.
Idem.	83	42	60	79	5	647	sep.
AN 7.							
Vendém.	72	75	53	19	77	648	id.
Idem.	30	86	40	78	74	649	Oct.
Brumai.	70	30	17	48	76	650	id.
Idem.	20	4	52	47	10	651	Nov
Frimaire.	11	36	46	16	63	652	id.
Idem.	46	89	73	17	23	653	Déc.
Nivôse.	88	46	81	57	66	654	id.
							1799
Idem.	40	43	59	25	26	655	Janv
Pluviôse.	54	14	3	16	69	656	id.
Idem.	34	21	84	16	20	657	Fév.
Ventôse.	36	11	64	81	61	658	id.
Idem.	17	6	67	1	79	659	Mars
Germin.	82	46	12	13	15	660	id.
Idem.	79	53	63	25	29	661	Avr.
Floréal.	12	30	24	39	60	662	id.
Idem.	48	36	6	24	32	663	Mai.

Paris suite, AN 7 ou 1799.						Tir.	obs.
Prairial.	80	11	4	32	20	664	id.
Idem.	46	84	64	43	62	665	Juin
Messid.	14	23	18	69	77	666	id.
Idem.	44	13	36	39	3	667	Juil.
Thermid.	72	63	31	57	19	668	id.
Idem.	43	84	11	54	64	669	Aoû
Fructid.	78	66	46	63	34	670	id.
Idem.	13	67	73	26	71	671	sep.
Idem.	13	68	76	3	6	672	id.
		AN 8.					
Vendém.	82	32	60	42	51	673	Oct
Brum.	35	18	79	62	19	674	id.
Idem.	49	29	38	12	89	675	Nov
Frimaire.	90	27	26	28	64	676	id.
Idem.	85	48	12	65	15	677	Déc
Nivôse.	57	17	14	40	55	678	id.
							1800
Idem.	88	90	74	78	61	679	Janv
Pluviôse.	79	65	29	74	69	680	id.
Idem.	42	61	37	84	50	681	Fév.
Ventôse.	64	5	33	85	28	682	id.
Idem.	69	13	30	9	61	683	Mars
Germin.	4	83	8	9	69	684	id.
Idem.	48	26	14	19	9	685	Avr.
Floréal.	50	51	48	40	83	686	id.
Idem.	23	57	47	81	43	687	Mai.
Prairial.	59	62	49	19	63	688	id.
Idem.	30	71	61	50	42	689	Juin
Messid.	24	44	16	86	52	690	id.

Paris suite, AN 8 ou 1800.						*Tir.*	*obs.*
Idem.	10	87	44	68	77	691	Juil.
Thermid.	66	67	16	41	80	692	id.
Idem.	39	65	56	52	7	693	Aoû
Fructid.	34	43	84	18	33	694	id.
Idem.	56	3	84	8	78	695	sep.
Idem.	51	26	65	19	87	696	id.
AN 9,							
Vendém.	1	77	9	41	82	697	Oct.
Brum.	81	87	64	12	75	698	id.
Idem.	51	24	35	75	17	699	Nov
Idem.	8	48	11	70	22	700	id.
Frimaire.	15	40	48	32	69	701	id.
Idem.	36	24	44	19	47	702	Déc.
Idem.	44	19	6	48	35	703	id.
Nivôse.	61	83	52	80	75	704	id.
							1801
Idem.	52	58	7	71	44	705	Janv
Idem.	64	63	80	1	24	706	id.
Pluviôse.	50	14	57	46	16	707	id.
Idem.	41	35	23	45	67	708	Fév.
Idem.	46	7	19	4	30	709	id.
Ventôse.	7	40	78	29	38	710	id.
Idem.	32	9	72	39	28	711	Mars
Idem.	42	3	32	69	79	712	id.
Germin.	77	59	41	83	34	713	id.
Idem.	61	78	17	71	45	714	Avr.
Idem.	56	32	37	77	83	715	id.
Floréal.	18	22	62	47	36	716	id.
Idem.	71	72	54	77	70	717	Mai.

Paris suite, AN 9 ou 1801.						Tir.	obs.
Idem.	41	57	28	1	11	718	id.
Prairial.	39	7	70	90	67	719	id.
Idem.	25	83	77	60	66	720	Juin
Idem.	27	21	4	32	30	721	id.
Messid.	13	87	48	74	42	722	id.
Idem.	7	69	26	62	40	723	Juil.
Idem.	77	53	35	79	71	724	id.
Thermid.	86	28	70	38	37	725	id.
Idem.	47	37	35	53	40	726	Aoû
Idem.	80	52	43	19	90	727	id.
Fructid.	53	73	85	2	65	728	id.
Idem.	37	61	39	78	42	729	sep.
Idem.	31	69	13	39	9	730	id.
AN 10,							
Vendém.	53	25	86	20	19	731	id.
Idem.	80	22	19	82	54	732	Oct.
Idem.	30	65	73	77	46	733	id.
Brum.	47	31	30	61	44	734	id.
Idem.	63	40	33	80	18	735	Nov
Idem.	44	52	20	53	82	736	id.
Frimaire.	21	80	14	61	42	737	id.
Idem.	35	31	81	51	50	738	Déc
Idem.	83	90	14	68	84	739	id.
Nivôse.	55	28	83	54	71	740	id.
							1802
Idem.	29	16	40	72	35	741	Janv
Idem.	7	73	79	50	85	742	id.
Pluviôse.	36	69	15	85	66	743	id.
Idem.	46	70	26	87	7	744	Fév.

Paris suite, AN 10 OU 1802.						Tir.	obs.
Idem.	64	12	15	52	18	745	id.
Ventôse.	48	68	75	21	10	746	id.
Idem.	5	7	6	61	81	747	Mars
Idem.	67	76	11	88	63	748	id.
Germin.	63	47	46	40	5	749	id.
Idem.	12	24	61	73	53	750	Avr.
Idem.	89	14	22	86	84	751	id.
Floréal.	1	21	62	33	31	752	id.
Idem.	58	38	57	31	7	753	Mai.
Idem.	43	65	30	64	57	754	id.
Prairial.	66	61	69	35	52	755	id.
Idem.	6	48	23	90	5	756	Juin
Idem.	77	22	35	1	3	757	id.
Messid.	30	83	9	4	63	758	id.
Idem.	30	74	42	45	34	759	Juil.
Idem.	12	41	45	53	37	760	id.
Thermid.	32	24	88	71	78	761	id.
Idem.	41	60	89	31	43	762	Aoû
Idem.	55	28	32	54	29	763	id.
Fructid.	79	45	66	53	22	764	id.
Idem.	48	38	39	61	55	765	sep.
Idem.	26	25	45	3	87	766	id.
AN 11.							
Vendém.	85	62	3	26	18	767	id.
Idem.	88	15	69	87	59	768	Oct.
Idem.	48	61	2	60	37	769	id.
Brum.	47	29	77	38	87	770	id.
Idem.	19	75	13	74	65	771	Nov
Idem.	7	27	20	41	32	772	id.
Frimaire.	11	83	57	24	4	773	id.

Paris suite, AN 11 ou 1802.						*Tir.*	*obs.*
Idem.	43	29	16	88	72	774	Déc
Idem.	83	73	47	72	65	775	id.
Nivôse.	76	51	29	60	36	776	id.
							1803
Idem.	62	9	38	36	85	777	Janv
Idem.	74	69	37	86	38	778	id.
Pluviôse.	2	11	3	13	32	779	id.
Idem.	88	63	37	38	56	780	Fév.
Idem.	81	57	36	50	27	781	id.
Ventôse.	34	48	47	21	30	782	id.
Idem.	4	29	75	30	42	783	Mars
Idem.	13	32	81	36	20	784	id.
Germin.	90	89	25	41	84	785	id.
Idem.	2	22	41	87	29	786	Avr.
Idem.	21	62	5	23	17	787	id.
Floréal.	43	49	86	38	16	788	id.
Idem.	63	24	78	12	30	789	Mai.
Idem.	7	28	53	24	22	790	id.
Prairial.	30	52	53	55	41	791	id.
Idem.	23	80	37	89	79	792	Juin
Idem.	7	35	57	82	27	793	id.
Messid.	24	88	60	13	61	794	id.
Idem.	72	39	67	36	63	795	Juil.
Idem.	51	5	13	44	28	796	id.
Thermid.	28	71	67	78	56	797	id.
Idem.	42	31	23	5	39	798	Aoû
Idem.	42	29	74	81	11	799	id.
Fructid.	2	37	87	27	26	800	id.
Idem.	41	89	19	60	73	801	sep.
Idem.	52	53	11	25	87	802	id.

PARIS AN 12, ou 1803.						*tir.*	*obs.*
Vendém.	56	18	34	64	35	803	id.
Idem.	13	20	26	23	6	804	Oct.
Idem.	35	79	43	5	53	805	id.
Brum.	32	82	31	33	14	806	id.
Idem.	53	28	36	11	14	807	Nov.
Idem.	85	23	57	29	53	808	id.
Frimaire.	78	88	76	71	55	809	id.
Idem.	60	10	56	75	68	810	Déc
Idem.	53	11	21	35	39	811	id.
Nivôse.	6	34	75	58	13	812	id.
							1804
Idem.	29	13	89	20	68	813	Janv
Idem.	53	84	25	6	29	814	id.
Pluviôse.	60	67	73	57	52	815	id.
Idem.	1	48	64	66	53	816	Fév.
Idem.	51	32	43	90	76	817	id.
Ventôse.	26	24	6	28	52	818	id.
Idem.	81	2	52	38	1	819	Mars
Idem.	2	22	28	10	8	820	id.
Germin.	33	21	28	87	61	821	id.
Idem.	69	72	76	74	11	822	Avr.
Idem.	33	47	83	1	49	823	id.
Floréal.	26	43	39	5	1	824	id.
Idem.	71	34	48	39	36	825	Mai.
Idem.	37	5	76	84	78	826	id.
Prairial.	15	7	6	11	79	827	id.
Idem.	31	70	36	18	41	828	Juin
Idem.	11	80	59	21	69	829	id.
Messid.	42	50	85	78	32	830	id.
Idem.	34	90	6	61	28	831	Juil.

Paris suite, AN 12 ou 1804.		Tir.	obs.
Idem.	75 61 41 81 34	832	id.
Therm.	39 58 79 7 85	833	id.
Idem.	14 37 34 57 72	834	Aoû
Idem.	58 3 65 9 28	835	id.
Fructid.	25 12 77 51 19	836	id.
Idem.	69 89 46 26 12	837	sep.
Idem.	3 52 67 54 22	838	id.
	AN 13.		
Vendém.	89 54 1 27 55	839	id.
Idem.	44 25 47 16 27	840	Oct.
Idem.	40 29 70 13 58	841	id.
Brum.	9 43 40 46 76	842	id.
Idem.	73 75 17 1 57	843	Nov
Idem.	35 73 39 69 88	844	id.
Frimai.	45 47 53 51 80	845	id.
Idem.	5 77 63 87 83	846	Déc
Idem.	18 17 85 5 51	847	ip.
Nivôse.	19 78 30 24 75	848	id.
			1805
Idem.	23 78 14 24 56	849	Janv
Idem.	50 14 4 24 69	850	id.
Pluviôse.	80 53 64 40 28	851	id.
Idem.	4 59 55 46 61	852	Fév.
Idem.	59 86 44 85 11	853	id.
Ventôse.	38 80 11 17 47	854	id.
Idem.	37 66 12 60 15	855	Mars
Idem.	26 41 37 85 66	856	id.
Germin.	10 85 87 12 21	857	id.
Idem.	18 36 42 39 65	858	Avr.
Idem.	1 9 80 2 66	859	id.

Paris suite, AN 13 ou 1805.						tir.	obs.
Floréal.	10	30	56	54	53	860	id.
Idem.	49	88	19	26	6	861	Mai.
Idem.	77	35	5	49	79	862	id.
Prairial.	19	13	54	72	34	863	id.
Idem.	21	34	68	65	78	864	Juin
Idem.	23	76	57	3	18	865	id.
Messid.	56	13	81	87	88	866	id.
Idem.	42	9	77	17	16	867	Juil.
Idem.	27	84	48	39	73	868	id.
Therm.	18	42	37	81	29	869	id.
Idem.	47	75	87	42	72	870	Aoû
Idem.	31	77	1	66	23	871	id.
Fructid.	44	48	29	55	25	872	id.
Idem.	16	40	20	36	27	873	sep.
Idem.	21	7	14	5	49	874	id.
AN 14.							
Vendém.	42	81	65	35	53	875	id.
Idem.	39	7	90	48	59	876	Oct.
Idem.	66	85	65	2	5	877	id.
Brum.	73	2	4	21	74	878	id.
Idem.	37	13	20	9	47	879	Nov
Idem.	22	28	78	20	43	880	id.
Frimai.	49	58	29	7	28	881	id.
Idem.	49	3	57	84	17	882	Déc
Idem.	25	32	62	12	61	883	id.
Nivôse.	88	58	87	63	34	884	id.
ANNÉE 1806.							
Janvier.	37	6	80	16	77	885	
Idem.	21	7	90	87	45	886	

PARIS, suite de 1806.						tir.	obs.
Idem.	31	17	87	16	76	887	
Février.	54	64	29	38	42	888	
Idem.	61	49	40	12	27	889	
Idem.	34	81	38	39	9	890	
Mars.	47	78	3	50	29	891	
Idem.	84	73	22	89	20	892	
Idem.	29	24	61	64	69	893	
Avril.	86	29	80	32	53	894	
Idem.	4	84	33	3	32	895	
Idem.	6	29	30	4	66	896	
Mai.	32	79	62	65	25	897	
Idem.	51	49	82	14	72	898	
Idem.	16	28	53	71	26	899	
Juin.	30	58	77	66	61	900	
Idem.	23	83	65	24	39	901	
Idem.	42	32	65	63	8	902	
Juillet.	64	59	63	34	35	903	
Idem.	66	25	71	22	44	904	
Idem.	23	80	70	15	83	905	
Août.	55	46	21	31	87	906	
Idem.	79	13	23	59	29	907	
Idem.	17	71	60	58	73	908	
Septemb.	46	77	5	7	15	909	
Idem.	71	42	90	83	80	910	
Idem.	57	19	31	89	47	911	
Octobre.	65	56	50	75	57	912	
Idem.	32	9	84	83	29	913	
Idem.	67	8	50	19	66	914	
Novemb.	68	51	48	37	60	915	
Idem.	69	57	4	24	50	916	

PARIS, suite de 1806.						Tir.	obi.
Idem.	56	19	59	38	69	917	
Décemb.	48	1	60	45	86	918	
Idem.	10	56	19	67	9	919	
Idem.	57	11	72	9	64	920	
AN 1807.							
Janvier.	71	30	53	70	82	921	
Idem.	20	76	24	60	61	922	
Idem.	2	51	64	62	47	923	
Février.	33	78	54	62	20	924	
Idem.	57	2	66	43	38	925	
Idem.	64	28	34	4	21	926	
Mars.	47	46	40	25	5	927	
Idem.	36	66	32	65	27	928	
Idem.	87	49	16	38	39	929	
Avril.	54	58	76	55	1	930	
Idem.	63	8	86	27	11	931	
Idem.	83	57	62	68	45	932	
Mai.	66	19	34	46	7	933	
Idem.	73	35	74	63	48	934	
Idem.	81	31	43	18	38	935	
Juin.	18	52	21	64	30	936	
Idem.	42	81	37	14	7	937	
Idem.	84	43	79	53	36	938	
Juillet.	86	38	2	58	24	939	
Idem.	47	71	65	18	57	940	
Idem.	34	83	44	28	24	941	
Août.	90	87	66	65	32	942	
Idem.	65	48	36	37	76	943	
Idem.	70	81	32	47	31	944	

PARIS, suite de 1807.						*Tir.*	*obs.*
Septemb.	22	52	64	30	15	945	
Idem.	60	61	31	47	48	946	
Idem.	82	67	29	38	57	947	
Octobre.	41	55	90	88	34	948	
Idem.	3	22	79	34	78	949	
Idem.	41	80	46	27	39	950	
Novem.	60	49	7	58	79	951	
Idem.	75	50	19	78	66	952	
Idem.	29	74	70	19	48	953	
Décemb.	25	42	26	23	90	954	
Idem.	6	47	39	38	68	955	
Idem.	33	57	81	37	64	956	
	ANNÉE 1808.						
Janvier.	53	27	28	71	66	957	
Idem.	1	17	76	21	47	958	
Idem.	46	35	52	51	59	959	
Février.	44	6	66	62	79	960	
Idem.	3	26	74	50	67	961	
Idem.	73	76	51	20	83	962	
Mars.	33	84	62	9	21	963	
idem.	61	85	19	67	53	964	
idem.	48	45	36	6	49	965	
Avril.	34	22	72	35	33	966	
idem.	14	80	67	57	88	967	
idem.	50	12	43	20	14	968	
Mai.	31	44	18	89	43	969	
idem.	34	49	18	55	4	970	
idem.	72	68	15	23	5	971	
Juin.	63	89	29	9	11	972	
idem.	33	88	28	77	56	973	

PARIS, suite de 1808.						Tir.	obs.
idem.	53	79	22	29	5	974	
Juillet.	61	63	5	23	90	975	
idem.	2	81	1	59	52	976	
idem.	23	18	30	48	50	977	
Août.	78	33	26	23	40	978	
idem.	28	14	21	81	58	979	
idem.	35	85	31	57	8	980	
Septemb.	27	19	54	59	41	981	
idem.	59	68	80	88	70	982	
idem.	88	28	64	83	25	983	
Octobre.	90	51	81	43	24	984	
idem.	19	48	30	62	73	985	
idem.	27	5	11	61	25	986	
Novemb.	26	15	49	77	90	987	
idem.	36	79	27	20	74	988	
idem.	9	3	49	1	53	989	
Décemb.	10	35	76	74	53	990	
idem.	66	48	38	4	86	991	
idem.	26	39	62	75	73	992	
ANNÉE 1809.							
Janv.	81	79	5	56	40	993	
idem.	64	10	72	69	55	994	
idem.	84	80	73	35	46	995	
Fév.	54	65	22	48	61	996	
idem.	79	17	89	47	72	997	
idem.	6	45	44	26	61	998	
Mars.	12	20	4	66	51	999	
idem.	50	36	80	15	8	1000	
idem.	36	70	82	40	14	1001	

PARIS, suite de 1809.						Tir.	obs.
Avril.	16	66	50	18	81	1002	
idem.	73	60	19	50	51	1003	
idem.	16	6	66	78	61	1004	
Mai.	76	81	30	45	73	1005	
idem.	24	37	58	25	1	1006	
idem.	18	41	62	67	43	1007	
Juin.	4	61	80	58	73	1008	
idem.	60	59	32	44	3	1009	
idem.	67	87	51	76	90	1010	
Juillet.	11	34	53	38	55	1011	
idem.	34	42	61	75	62	1012	
idem.	6	21	84	3	32	1013	
Août.	49	75	78	64	1	1014	
idem.	42	74	73	65	19	1015	
idem.	51	56	82	9	57	1016	
Sept.	46	20	61	17	18	1017	
idem.	82	90	43	56	18	1018	
idem.	14	50	47	7	42	1019	
Oct.	81	13	4	41	51	1020	
idem.	72	70	82	88	29	1021	
idem.	63	62	70	72	53	1022	
Nov.	42	17	70	53	88	1023	
idem.	68	36	52	67	51	1024	
idem.	25	88	8	4	34	1025	
Décemb.	74	32	12	31	15	1026	
idem.	53	71	29	83	30	1027	
idem.	55	57	33	13	35	1028	

Paris, 1810.						Tir.	obs.
Janv.	90	2	3	26	48	1029	
idem.	30	45	77	71	50	1030	
idem.	60	38	21	22	11	1031	
Fév.	31	20	73	49	10	1032	
idem.	55	59	8	45	52	1033	
idem.	79	24	66	62	22	1034	
Mars.	40	14	3	12	45	1035	
idem.						1036	
idem.						1037	
Avril.						1038	
idem.						1039	
idem.						1040	
Mai.						1041	
idem.						1042	
idem.						1043	
Juin.						1044	
idem.						1045	
idem.						1046	
Juill.						1047	
idem.						1048	

PARIS, 1810.	Tir.	obs.
idem.	1049	
Août.	1050	
idem.	1051	
idem.	1052	
Sept.	1053	
idem.	1054	
idem.	1055	
Oct.	1056	
idem.	1057	
idem.	1058	
Nov.	1059	
idem.	1060	
idem.	1061	
Déc.	1062	
idem.	1063	
idem.	1064	
ANNÉE 1811.		
Janv.	1065	
idem.	1066	
idem.	1067	

PARIS. 1811.	[illegible]	[illegible]
Fév.	1068	
idem.	1069	
idem.	1070	
Mars	1071	
idem.	1072	
idem.	1073	
Avril.	1074	
idem.	1075	
idem.	1076	
Mai.	1077	
idem.	1078	
idem.	1079	
Juin.	1080	
idem.	1081	
idem.	1082	
Juill.	1083	
idem.	1084	
idem.	1085	
Août.	1086	
idem.	1087	
idem.	1088	

PARIS, 1811.	Tir.	obs.
Sept.	1089	
idem.	1090	
idem.	1091	
Oct.	1092	
idem.	1093	
idem.	1094	
Nov.	1095	
idem.	1096	
idem.	1097	
Déc.	1098	
idem.	1099	
idem.		
ANNÉE 1812.		
Janv.	1100	
idem.	1101	
idem.	1102	
Fév.	1103	
idem.	1104	
idem.	1105	
Mars.	1106	
idem.	1107	

Tirages de BRUXELLES, *AN* 9.

Depuis le rétablissement de cette Loterie en France, les tirages se font les 7, 17 et 27 de chaque mois.

						Tirag.	1800
Frimaire.	39	62	68	63	21	1	Nov
Idem.	16	64	52	73	29	2	Déc
Idem.	66	16	5	57	58	3	id.
Nivôse.	57	62	75	85	27	4	id.
							1801
Idem.	63	61	69	82	31	5	Janv
Idem.	68	5	23	19	46	6	id.
Pluviôse.	83	46	27	62	61	7	id.
Idem.	63	56	35	1	65	8	Fév.
Idem.	72	85	8	12	10	9	id.
Ventôse.	45	88	2	3	28	10	id.
Idem.	39	56	60	73	21	11	Mars
Idem.	2	51	46	41	35	12	id.
Germin.	16	70	88	65	72	13	id.
Idem.	24	57	14	60	68	14	Avr.
Idem.	57	68	85	16	55	15	id.
Floréal.	48	80	72	7	16	16	id.
Idem.	60	90	18	54	37	17	Mai.
Idem.	40	85	84	64	82	18	id.
Prairial.	17	16	64	45	31	19	id.
Idem.	61	49	83	71	80	20	Juin
Idem.	55	22	34	3	12	21	id.
Messid.	39	64	54	80	48	22	id.
Idem.	22	66	54	5	46	23	Juil.
Idem.	84	32	81	80	61	24	id.
Thermid.	74	41	14	68	27	25	id.
Idem.	71	42	17	59	26	26	Aoû

BRUX. suite, AN 9 ou 1801.						Tir.	obs.
Idem.	69	62	27	67	24	27	ID.
fructid.	6	4	52	45	83	28	ID.
Idem.	53	64	89	1	36	29	sep.
Idem.	51	56	57	8	43	30	ID.
AN 10.							
Vendém.	77	29	33	60	35	31	ID.
Idem.	46	28	55	18	11	32	Oct.
Idem.	15	28	55	64	52	33	ID.
Brum.	89	35	5	47	67	34	ID.
Idem.	76	63	73	33	41	35	Nov
Idem.	7	47	5	90	61	36	ID.
Frimaire.	16	48	47	83	11	37	ID.
Idem.	76	21	35	20	32	38	Déc
Idem.	79	12	37	88	70	39	ID.
Nivose.	71	81	53	4	13	40	ID.
							1802
Idem.	59	90	8	51	67	41	Janv
Idem.	55	48	63	11	30	42	ID.
Pluviose.	58	11	63	4	31	43	ID.
Idem.	30	90	3	42	38	44	Fév.
Idem.	40	15	75	6	72	45	ID.
Ventose.	59	56	10	49	53	46	ID.
Idem.	61	64	70	7	62	47	Mars
Idem.	8	27	41	36	35	48	ID.
Germin.	57	35	81	24	28	49	ID.
Idem.	79	77	63	41	66	50	Avri
Idem.	21	16	4	47	49	51	ID.
Floréal.	68	45	14	13	67	52	ID.
Idem.	83	38	75	52	6	53	Mai.
Idem.	20	60	44	64	6	54	ID.

BRUX. suite, AN 10 OU 1802.						Tir.	obs.
Prairial.	16	36	44	85	2	55	ID.
Idem.	76	66	69	15	61	56	Juin
Idem.	89	30	53	83	8	57	ID.
Messid.	26	70	83	72	75	58	ID.
Idem.	43	32	59	16	1	59	Juil.
Idem.	66	72	5	79	50	60	ID.
Thermid.	63	2	26	47	83	61	ID.
Idem.	14	89	43	10	7	62	Aoû
Idem.	83	68	56	32	40	63	ID.
Fructid.	52	2	56	32	34	64	ID.
Idem.	52	64	63	45	38	65	sep.
Idem.	43	47	11	23	22	66	ID.
AN 11.							
Vendém.	44	72	34	87	12	67	ID.
Idem.	45	56	85	3	43	68	Oct.
Idem.	23	6	18	40	44	69	ID.
Brum.	67	1	30	49	54	70	ID.
Idem.	24	37	8	25	79	71	Nov
Idem.	16	36	62	89	7	72	ID.
Frimaire.	25	59	62	4	7	73	ID.
Idem.	18	10	60	4	74	74	Déc
Idem.	19	65	49	77	14	75	ID.
Nivose.	14	79	42	15	26	76	ID.
							180
Idem.	38	11	68	30	31	77	Janv
Idem.	60	52	18	19	62	78	ID.
Pluviose.	72	23	20	48	32	79	ID.
Idem.	32	87	11	26	37	80	Fév.
Idem.	37	2	10	26	7	81	ID.
Ventose.	58	56	43	45	61	82	ID.

Brux. suite, an 11 ou 1803.						tir.	obs.
Idem.	22	64	27	3	23	83	Mars
Idem.	69	29	18	77	81	84	ID.
Germin.	73	80	15	20	9	85	ID.
Idem.	70	49	5	69	45	86	Avr
Idem.	34	20	19	42	3	87	ID.
Floréal.	61	32	23	33	86	88	ID.
Idem.	45	36	85	22	38	89	Mai.
Idem.	77	24	4	19	29	90	ID.
Prairial.	67	34	9	10	53	91	ID.
Idem.	23	26	58	41	22	92	Juin
Idem.	80	23	64	78	1	93	ID.
Messidor.	74	20	23	70	78	94	ID.
Idem.	24	32	61	64	85	95	Juil.
Idem.	68	44	84	24	36	96	ID.
Thermid.	72	68	81	53	51	97	ID.
Idem.	85	74	46	77	65	98	Aoû.
Idem.	28	76	85	51	73	99	ID.
Fructid.	52	39	54	67	78	100	ID.
Idem.	40	50	48	29	64	101	sep.
Idem.	41	6	67	76	81	102	ID.
An 12.							
Vendém.	58	85	4	65	74	103	ID.
Idem.	65	62	33	7	25	104	Oct
Idem.	86	42	33	17	70	105	ID.
Brum.	86	59	27	29	30	106	ID.
Idem.	80	34	44	13	41	107	Nov
Idem.	79	21	30	14	18	108	ID.
Frimaire.	9	60	44	55	79	109	ID.
Idem.	74	51	34	21	66	110	Déc
Idem.	86	8	53	50	38	111	ID.

BRUXELLES, suite AN 12.						*tir.*	*obs.*
Nivôse.	2	82	21	31	10	112	ID. 1804
Idem.	14	74	70	49	38	113	Janv
Idem.	36	15	80	88	87	114	*ID.*
Pluviôse.	44	85	12	56	27	115	*ID.*
Idem.	1	87	67	51	73	116	Fév.
Idem.	51	53	7	33	52	117	*ID.*
Ventôse.	18	50	85	42	46	118	*ID.*
Idem.	87	21	22	19	70	119	Mars
Idem.	4	22	78	58	3	120	*ID.*
Germin.	49	34	24	71	51	121	*ID.*
Idem.	63	81	89	75	55	122	Avr.
Idem.	47	12	79	64	15	123	*ID.*
Floréal.	37	9	81	14	66	124	*ID.*
Idem.	64	27	4	74	37	125	Mai.
Idem.	43	31	34	35	32	126	*ID.*
1er. *Tirage impérial.*							
Prairial.	65	12	77	15	26	127	*ID.*
Idem.	73	11	7	9	90	128	Juin
Idem.	70	26	74	44	52	129	*ID.*
Messidor.	8	11	37	1	34	130	*ID.*
Idem.	40	80	29	28	50	131	Juill
Idem.	1	79	39	65	15	132	*ID.*
Thermid.	22	21	66	43	1	133	*ID.*
Idem.	82	32	76	89	45	134	Aoû
Idem.	20	49	33	36	14	135	*ID.*
Fructid.	65	58	68	2	69	136	*ID.*
Idem.	17	83	36	15	19	137	Sep.
Idem.	13	29	71	10	56	138	*ID.*

BRUXELLES, suite AN 13.						Tir.	obs.
Vendém.	66	58	53	70	3	139	ID.
Idem.	19	55	16	40	79	140	Oct.
Idem.	78	46	47	73	29	141	ID.
Brum.	45	50	32	46	5	142	DI.
Idem.	85	34	77	23	24	143	Nov
Idem.	10	15	28	85	75	144	ID.
Frimaire.	5	86	21	55	39	145	ID.
Idem.	28	8	66	1	86	146	Déc
Idem.	64	58	70	44	28	147	ID.
Nivôse.	42	74	41	51	10	148	ID.
							1805
Idem.	85	21	79	46	6	149	Janv
Idem.	61	38	44	81	60	150	ID.
Pluviôse.	28	6	5	34	64	151	ID.
Idem.	40	27	69	63	33	152	Fév.
Idem.	36	58	45	30	70	153	ID.
Ventôse.	25	62	64	13	65	154	ID.
Idem.	7	46	13	53	35	155	Mars
Idem.	42	20	36	5	86	156	ID.
Germin.	89	68	48	47	4	157	ID.
Idem.	85	40	26	35	55	158	Avr
Idem.	10	36	26	58	46	159	ID.
Floréal.	6	65	78	55	7	160	ID.
Idem.	22	1	37	69	61	161	Mai
Idem.	22	29	48	28	61	162	ID.
Prairial.	26	64	8	87	3	163	ID.
Idem.	50	16	79	40	20	164	Juin
Idem.	38	56	33	40	51	165	ID.
Messidor.	85	90	51	42	17	166	ID.
Idem.	53	8	73	16	59	167	Juill.

BRUXELLES, suite AN 13.						Tir4	obs.
Idem.	34	81	65	71	51	168	ID.
Thermid.	61	18	7	34	59	169	ID.
Idem.	61	48	53	14	23	170	Aoû
Idem.	73	39	6	58	22	171	ID.
Fructidor.	34	63	68	23	89	172	ID.
Idem.	30	77	70	52	84	173	sep.
Idem.	63	43	18	26	67	174	ID.
							ID.
AN 14.							
Vendém.	58	63	81	48	30	175	
Idem.	55	71	68	3	72	176	Oct.
Idem.	19	78	10	77	9	177	ID.
Brum.	60	4	78	41	80	178	ID.
Idem.	45	86	47	43	42	179	Nov
Idem.	15	42	69	61	67	180	ID.
Frimaire.	60	66	59	78	49	181	ID.
Idem.	37	3	8	43	4	182	Déc
Idem.	51	76	79	17	80	183	ID.
Nivôse.	8	27	75	89	42	184	ID.
ANNÉE 1806.							
Janvier.	37	76	38	29	8	185	
Idem.	57	64	53	73	50	186	
Idem.	2	25	75	77	37	187	
Février.	35	47	77	70	71	188	
idem.	59	9	36	69	40	189	
idem.	9	20	77	39	30	190	
Mars.	63	71	1	14	54	191	
idem.	47	90	53	61	12	192	
idem.	48	39	4	35	2	193	

BRUXELLES, suite de 1806.						tir.	obs.
Avril.	10	47	11	28	60	194	
idem.	81	2	56	33	32	195	
idem.	35	89	70	27	6	196	
Mai.	89	64	13	86	77	197	
idem.	51	38	32	64	49	198	
idem.	18	83	34	85	69	199	
Juin.	20	83	10	51	80	200	
idem.	43	24	83	70	5	201	
idem.	1	89	58	6	22	202	
Juillet	32	37	88	58	64	203	
idem.	46	84	29	82	74	204	
idem.	45	6	26	62	17	205	
Août.	20	40	73	26	18	206	
idem.	26	56	32	24	74	207	
idem.	32	33	42	58	34	208	
Septemb.	63	13	28	31	4	209	
idem.	77	6	89	50	35	210	
idem.	66	58	56	23	46	211	
Octobre.	61	21	14	34	52	212	
idem.	44	43	3	86	19	213	
idem.	6	2	51	87	22	214	
Novemb.	27	21	30	72	59	215	
idem.	32	78	86	58	44	216	
idem.	4	13	62	59	55	217	
Décemb.	3	24	31	63	59	218	
Idem.	12	83	39	32	17	219	
Idem.	1	20	37	75	22	220	
ANNÉE 1807.							
Janvier.	39	78	16	34	37	221	

BRUXELLES, suite de 1807.						Tir.	obs.
idem.	77	40	20	57	71	222	
idem.	59	51	89	45	39	223	
Février.	1	23	42	88	64	224	
Idem.	8	73	74	79	70	225	
Idem.	85	43	17	7	46	226	
Mars.	18	49	56	19	40	227	
idem.	41	38	69	4	59	228	
idem.	34	64	12	79	20	229	
Avril.	85	51	60	67	86	230	
idem.	25	6	55	23	83	231	
idem.	15	22	50	44	17	232	
Mai.	52	8	19	83	11	233	
idem.	3	65	59	49	83	234	
idem.	35	28	84	58	36	235	
Juin.	25	20	17	59	33	236	
idem.	34	77	21	16	72	237	
idem.	34	72	24	3	59	238	
Juillet.	61	28	62	40	89	239	
idem.	77	89	7	88	26	240	
idem.	11	23	76	81	28	241	
Août.	4	29	54	44	65	242	
idem.	75	54	79	57	15	243	
idem.	84	26	81	74	18	244	
Septemb.	23	54	80	25	52	245	
idem.	86	49	59	84	10	246	
idem.	7	55	45	27	33	247	
Octobre.	60	21	50	68	76	248	
idem.	84	63	18	65	24	249	
idem.	80	90	84	38	10	250	
Novemb.	1	34	23	88	33	251	

BRUXELLES, suite de 1807.						Tir.	obs.
						Tirag.	
idem.	48	84	60	73	2	252	
idem.	4	17	88	90	70	253	
Décemb.	19	34	79	62	20	254	
idem.	38	29	57	30	16	255	
idem.	28	21	58	6	87	256	
ANNÉE 1808.							
Janvier.	73	27	37	19	39	257	
idem.	26	30	4	78	41	258	
idem.	87	7	40	80	56	259	
Février.	80	19	22	49	43	260	
idem.	10	58	76	83	73	261	
idem.	4	60	6	74	84	262	
Mars.	36	11	69	44	75	263	
idem.	27	69	74	8	34	264	
idem.	64	16	53	30	32	265	
Avril.	69	51	5	43	12	266	
idem.	24	2	45	16	55	267	
idem.	56	37	57	89	90	268	
Mai.	66	41	65	75	68	269	
idem.	75	73	54	44	51	270	
idem.	28	56	78	61	63	271	
Juin.	75	74	69	83	5	272	
idem.	55	60	29	79	49	273	
idem.	58	13	90	28	2	274	
Juillet.	6	54	86	22	46	275	
idem.	64	90	42	26	5	276	
idem.	23	89	7	78	14	277	
Août.	64	35	86	21	85	278	
idem.	79	80	27	90	60	279	

BRUXELLES, 1808.						tir.	obs
idem.	63	61	1	66	47	280	
Septemb.	10	24	82	63	74	281	
idem.	48	52	50	40	17	282	
idem.	49	66	63	83	9	283	
Octobre.	42	89	19	4	9	284	
idem.	20	9	85	4	45	285	
idem.	64	24	21	36	16	286	
Novemb.	83	24	26	57	52	287	
idem.	67	24	69	4	61	288	
idem.	43	62	8	53	23	289	
Décemb.	84	11	61	50	89	290	
idem.	27	42	60	10	84	291	
idem.	2	69	19	28	22	292	
ANNÉE 1809.							
Janv.	60	30	8	59	90	293	
idem.	77	25	16	85	39	294	
idem.	42	44	59	45	70	295	
Fév.	7	38	12	47	66	296	
idem.	85	64	2	55	74	297	
idem.	69	42	63	20	49	298	
Mars	81	67	38	10	79	299	
idem.	81	44	7	12	86	300	
idem.	90	62	54	37	65	301	
Avril.	26	78	39	84	85	302	
idem.	7	50	21	83	3	303	
idem.	10	69	3	72	44	304	
Mai.	26	20	9	46	15	305	
idem.	75	51	59	36	74	306	
idem.	7	3	40	53	57	307	

BRUXELLES, 1809.						Tir.	obs.
Juin.	84	44	88	9	61	308	
idem.	75	73	43	63	53	309	
idem.	41	46	24	7	85	310	
Juill.	46	48	52	45	26	311	
idem.	15	72	70	6	2	312	
idem.	35	73	6	36	42	313	
Août.	67	86	43	28	78	314	
idem.	82	37	84	6	30	315	
idem.	19	9	4	70	84	316	
Sept.	56	18	79	44	75	317	
idem.	22	56	77	64	90	318	
idem.	25	33	22	8	83	319	
Oct.	33	20	75	22	66	320	
idem.	53	84	41	20	38	321	
idem.	77	53	58	71	72	322	
Nov.	42	56	59	81	4	323	
idem.	10	7	87	68	6	324	
idem.	15	52	27	81	46	325	
Déc.	35	48	56	75	22	326	
idem.	14	22	23	38	88	327	
idem.	20	12	65	16	77	328	
AN 1810.							
Janv.	19	3	65	20	14	329	
idem.	31	57	43	19	47	330	
idem.	59	85	1	78	84	331	
Fév.	26	75	65	89	68	332	
idem.	36	26	62	10	79	333	

BRUXELLES. 1810.						Tir.	obs.
idem.	88	5	86	82	24	334	
Mars.						335	
idem.						336	
idem.						337	
Avril.						338	
idem.						339	
idem.						340	
Mai.						341	
idem.						342	
idem.						343	
Juin.						344	
idem.						345	
idem.						346	
Juill.						347	
idem.						348	
idem.						349	
Août.						350	
idem.						351	
idem.						352	
Sept.						353	
idem.						354	

BRUXELLES, 1810.	Tir.	obs.
idem.	355	
Oct.	356	
idem.	357	
idem.	358	
Nov.	359	
idem.	360	
idem.	361	
Déc.	362	
idem.	363	
idem.		
AN 1811.		
Janv.	364	
idem.	365	
idem.	366	
Fév.	367	
idem.	368	
idem.	369	
Mars.	370	
idem.	371	
idem.	372	
Août.	373	

Tirages de LYON, *AN* 9.

Les tirages se font les 9, 19 et 29 de chaque mois.

						Tirag.	obs. 1800.
Nivose.	46	2	47	15	11	1	Déc 1801
Idem.	74	79	32	39	23	2	Janv
Idem.	54	82	45	8	74	3	ib.
Pluviose.	82	39	79	66	12	4	ib.
Idem.	88	87	37	12	39	5	Fév.
Idem.	70	9	53	27	7	6	ib.
Ventose.	30	73	85	46	27	7	ib.
Idem.	12	82	83	7	45	8	Mars
Idem.	72	63	1	56	57	9	ib.
Germin.	89	51	6	32	5	10	ib.
Idem.	40	54	17	72	20	11	Avr.
Idem.	85	46	65	79	13	12	ib.
Floréal.	57	83	14	62	8	13	ib.
Idem.	26	8	48	58	17	14	Mai.
Idem.	87	22	30	61	53	15	ib.
Prairial.	6	17	78	54	45	16	ib.
Idem.	87	25	67	15	24	17	Juin.
Idem.	15	89	42	38	85	18	ib.
Messid.	75	66	40	65	49	19	ib.
Idem.	7	42	46	67	34	20	Juill.
Idem.	13	6	66	71	30	21	ib.
Thermid.	20	80	74	82	2	22	ib.
Idem.	85	65	30	70	9	23	Aoû.
Idem.	71	31	15	57	67	24	ib.
Fructid.	47	19	9	56	83	25	ib.
Idem.	41	63	57	76	66	26	sept
Idem.	57	56	29	59	58	27	ib.

LYON, AN 10.						*tir.*	*obs.*
Vendém.	9	56	53	2	41	28	ib.
Idem.	57	22	5	43	38	29	Oct.
Idem.	49	64	79	25	52	30	ib.
Brum.	14	89	46	6	60	31	ib.
Idem.	12	82	5	17	84	32	Nov
Idem.	69	13	14	84	1	33	ib.
Frimaire.	81	49	16	54	61	34	ib.
Idem.	72	21	76	23	5	35	Déc
Idem.	35	17	81	24	88	36	ib.
Nivose.	12	29	84	57	2	37	ib.
							1802
Idem.	13	21	62	49	43	38	Janv
Idem.	9	39	6	15	17	39	ib.
Pluviose.	57	12	69	81	38	40	ib.
Idem.	62	65	8	55	64	41	Fév.
Idem.	23	41	11	54	3	42	ib.
Ventose.	6	75	33	45	62	43	ib.
Idem.	74	49	76	71	78	44	Mars
Idem.	24	87	2	45	81	45	ib.
Germin.	79	3	46	60	49	46	ib.
Idem.	78	38	5	7	49	47	Avr.
Idem.	19	67	68	32	15	48	ib.
Floréal.	66	81	68	77	3	49	ib.
Idem.	72	51	3	62	83	50	Mai.
Idem.	44	39	23	88	51	51	ib.
Prairial.	37	60	1	75	69	52	ib.
Idem.	1	84	77	36	47	53	Juin
Idem.	7	72	71	18	42	54	ib.
Messid.	64	78	74	26	80	55	ib.
Idem.	63	8	40	34	27	56	Juill.

LYON, suite de l'AN 10.						*Tir.*	*obs.*
Idem.	52	59	16	75	69	57	ib.
Thermid.	60	30	6	36	62	58	ib.
Idem.	84	72	32	20	53	59	Aoû
Idem.	68	45	73	64	86	60	ib.
Fructid.	26	88	23	11	4	61	ib.
Idem.	60	37	71	73	2	62	sep.
Idem.	80	28	87	45	26	63	ib.
AN 11.							
Vendém.	23	15	7	48	74	64	ib.
Idem.	28	46	20	67	48	65	Oct.
Idem.	3	11	23	52	81	66	ib.
Brum.	40	82	67	63	78	67	ib.
Idem.	37	69	75	63	43	68	Nov
Idem.	81	41	35	47	51	69	ib.
Frimaire.	69	23	75	3	10	70	ib.
Idem.	88	5	14	90	78	71	Déc.
Idem.	84	55	89	61	47	72	ib.
Nivose.	84	27	23	45	22	73	ib.
							1803
Idem.	84	17	39	31	22	74	Janv
Idem.	90	16	2	17	72	75	ib.
Pluviose.	80	84	75	52	35	76	ib.
Idem.	20	82	21	52	7	77	Fév.
Idem.	18	65	81	56	70	78	ib.
Ventose.	5	58	47	65	27	79	ib.
Idem.	2	25	77	50	88	80	Mars
Idem.	20	59	86	9	63	81	ib.
Germin.	23	62	74	87	61	82	ib.
Idem.	22	89	86	17	37	83	Avr.
Idem.	12	62	32	65	14	84	ib.

LYON, suite de l'AN 11.						Tir.	obs.
Floréal.	84	50	2	17	45	85	ib.
Idem.	38	59	76	61	49	86	Mai.
Idem.	90	34	3	46	71	87	ib.
Prairial.	1	30	12	82	52	88	id.
Idem.	11	36	31	42	89	89	Juin
Idem.	90	15	40	65	74	90	ib.
Messid.	69	53	60	12	61	91	ib.
Idem.	9	37	54	28	87	92	Juill
Idem.	42	70	66	21	45	93	ib.
Thermid.	58	89	78	35	8	94	ib.
Idem.	52	37	71	31	64	95	août.
Idem.	86	70	37	90	42	96	ib.
Fructidor.	31	22	25	76	36	97	ib.
Idem.	40	34	23	28	74	98	sep.
Idem.	85	79	76	58	20	99	ib.
AN 12.							
Vendém.	90	4	43	11	5	100	ib.
Idem.	16	86	37	48	22	101	Oct
Idem.	30	84	34	73	49	102	ib.
Brum.	49	59	58	69	11	103	ib.
Idem.	35	41	37	42	43	104	Nov
Idem.	51	55	7	78	45	105	ib.
Frimaire.	15	40	8	67	66	106	ib.
Idem.	71	45	33	70	57	107	Déc
Idem.	77	35	57	20	10	108	ib.
Nivôse.	3	2	57	7	90	109	ib.
							1804
Idem.	33	50	70	81	57	110	Janv
Idem.	61	23	78	57	80	111	ib.
Pluviôse.	34	44	18	11	46	112	ib.

LYON, suite de l'AN 12.						tir.	obs.
Idem.	70	55	36	71	83	113	Fév.
Idem.	21	59	58	78	19	114	ib.
Ventôse.	15	79	27	73	64	115	ib.
Idem.	66	48	38	14	73	116	Mars
Idem.	4	67	20	39	23	117	ib.
Germin.	83	56	12	36	3	118	ib.
Idem.	53	11	51	71	39	119	avril
Idem.	35	46	42	49	19	120	ib.
Floréal.	71	13	37	88	17	121	ib.
Idem.	21	52	43	69	85	122	Mai.
Idem.	38	86	82	11	13	123	ib.
1er. *Tirage impérial.*							
Prairial.	83	17	53	76	70	124	ib.
Idem.	84	45	22	2	85	125	Juin
Idem.	78	62	46	88	12	126	ib.
Messidor.	56	86	21	27	51	127	ib.
Idem.	78	38	7	89	23	128	Juill
Idem.	81	51	11	75	44	129	ib.
Thermid.	18	23	86	82	17	130	ib.
Idem.	2	78	89	90	18	131	août
Idem.	2	16	57	18	33	132	ib.
Fructidor.	65	57	45	29	42	133	ib.
Idem.	84	67	42	88	18	134	sep.
Idem.	30	49	33	35	25	135	ib.
AN 13.							
Vendém.	61	89	36	63	79	136	ib.
Idem.	31	67	37	75	59	137	Oct.
Idem.	41	80	8	86	25	138	ib.
Brum.	8	50	43	69	17	139	ib.
Idem.	87	80	25	9	30	140	Nov

LYON, suite de l'AN 13.					Tir.	obs.
Idem.	57 30	1	21	59	141	id.
Frimaire.	1 48	90	14	71	142	id.
Idem.	20 60	72	35	82	143	Déc
Idem.	5 10	34	67	13	144	id.
Nivôse.	62 19	52	17	30	145	id.
						1805
Idem.	52 57	26	77	73	146	janv
Idem.	23 6	45	49	31	147	id.
Pluviôse.	1 21	62	59	27	148	id.
Idem.	31 47	44	6	51	149	Fév
Idem.	71 22	55	4	25	150	id.
Ventôse.	89 90	15	16	54	151	id.
Idem.	28 82	24	80	78	152	Mars
Idem.	41 25	7	10	60	153	id.
Germin.	17 47	44	66	76	154	id.
Idem.	39 83	33	20	77	155	avril
Idem.	76 67	40	84	72	156	id.
Floréal.	9 19	77	74	85	157	id.
Idem.	76 15	31	46	12	158	Mai.
Idem.	47 62	29	52	28	159	id.
Prairial.	33 86	20	47	60	160	id.
Idem.	72 60	45	65	3	161	juin
Idem.	85 90	78	12	75	162	id.
Messidor.	48 88	84	61	23	163	id.
Idem.	42 9	57	62	44	164	juill.
Idem.	61 89	35	56	72	165	id.
Thermid.	24 17	53	48	22	166	id.
Idem.	78 39	3	9	76	167	août
Idem.	43 35	15	51	48	168	id.
Fructidor.	28 53	77	39	76	169	id.

Lyon, suite de l'An 13.						*Tir.*	*obs.*
Idem.	85	69	46	77	11	170	sep.
Idem.	84	65	34	62	20	171	*id.*
			An 14.				
Vendém.	19	47	81	33	60	172	*id.*
Idem.	35	50	22	11	75	173	Oct.
Idem.	58	31	76	82	44	174	*id.*
Brumai.	83	68	86	16	54	175	*id.*
Idem.	39	77	2	90	81	176	Nov.
Idem.	7	53	2	83	54	177	*id.*
Frimai.	2	26	76	36	40	178	*id.*
Idem.	4	71	12	19	10	179	Déc
Idem.	59	56	3	23	34	180	*id*
Nivôse.	5	80	27	82	22	181	*id*
			Année 1806.				
Janvier.	49	16	18	56	86	182	
Idem.	24	75	5	59	62	183	
Idem.	43	14	57	46	70	184	
Février.	56	33	55	29	85	185	
Idem.	87	56	31	19	72	186	
Idem.	25	34	31	57	85	187	
Mars.	58	26	7	81	49	188	
idem.	8	44	82	11	65	189	
idem.	86	73	85	7	77	190	
Avril.	68	6	47	84	75	191	
idem.	82	50	22	78	17	192	
idem.	8	67	55	60	41	193	
Mai.	89	31	27	51	1	194	
idem.	59	81	42	15	52	195	
idem.	6	63	52	64	4	196	

LYON, suite de 1806						Tir.	obs.
Juin.	14	31	41	85	44	197	
idem	29	2	68	55	32	198	
idem.	22	50	66	40	44	199	
Juillet.	67	47	22	44	16	200	
idem.	4	74	76	31	85	201	
idem.	63	20	33	74	42	202	
Août.	62	51	53	34	37	203	
idem.	11	14	67	39	48	204	
idem.	22	89	64	59	31	205	
Septemb.	43	53	28	90	78	206	
idem.	1	35	54	60	41	207	
idem.	40	56	53	76	66	208	
Octobre.	48	86	50	45	40	209	
idem.	86	6	19	13	35	210	
idem.	35	23	5	14	75	211	
Novemb.	14	13	35	84	6	212	
idem.	79	74	89	84	56	213	
idem.	10	3	33	11	50	214	
Décemb.	68	8	35	14	80	215	
idem.	49	83	73	42	57	216	
idem.	5	11	28	44	20	217	
ANNÉE 1807.							
Janvier.	48	58	77	82	85	218	
idem.	77	50	37	53	40	219	
idem.	80	43	15	89	3	220	
Février.	26	83	75	64	56	221	
idem.	25	65	41	23	7	222	
idem.	13	85	52	90	11	223	
Mars.	79	11	50	76	39	224	

LYON, suite de 1807.						tir.	obs.
idem.	87	85	78	56	1	225	
idem.	35	18	17	60	45	226	
Avril	11	65	25	73	43	227	
idem.	18	48	12	43	31	228	
idem.	26	7	3	28	20	229	
Mai.	34	53	63	32	38	230	
idem.	66	13	15	81	44	231	
idem.	46	29	36	57	72	232	
Juin.	87	19	89	21	34	233	
idem.	79	22	47	17	62	234	
idem.	54	12	88	38	58	235	
Juillet.	90	3	14	86	19	236	
idem.	85	87	80	67	10	237	
idem.	14	24	3	21	40	238	
Août.	39	33	67	34	79	239	
idem.	61	2	58	44	81	240	
idem.	52	21	39	10	48	241	
Septemb.	59	40	16	54	13	242	
idem.	7	48	71	43	16	243	
idem.	34	87	4	18	36	244	
Octobre.	25	49	74	57	69	245	
idem.	25	8	28	68	62	246	
idem.	49	67	89	73	90	247	
Novemb.	22	71	44	36	81	248	
idem.	30	60	65	43	9	249	
idem.	47	46	77	66	21	250	
Décemb.	52	20	38	73	66	251	
idem.	65	35	8	84	39	252	
idem.	52	85	29	46	10	253	

LYON, 1808.						tir.	obs.
Janvier	63	12	88	55	27	254	
idem.	4	78	82	32	66	255	
idem.	42	30	77	36	43	256	
Février.	87	20	55	86	77	257	
idem.	6	5	26	2	53	258	
idem.	12	1	64	42	86	259	
Mars.	18	50	78	74	66	260	
idem.	27	41	26	51	48	261	
idem.	12	35	77	59	72	262	
Avril.	48	70	39	25	40	263	
idem.	28	88	79	1	11	264	
idem.	65	82	24	74	77	265	
Mai.	15	11	67	42	62	266	
idem.	20	4	46	30	54	267	
idem.	75	86	2	20	13	268	
Juin.	57	43	61	13	71	269	
idem.	54	42	87	18	14	270	
idem.	13	52	9	28	77	271	
Juillet.	14	31	56	5	90	272	
idem.	20	67	40	78	14	273	
idem.	60	20	39	18	33	274	
Août.	28	67	41	12	57	275	
idem.	25	4	22	32	57	276	
idem.	88	44	15	86	39	277	
Septemb.	74	28	56	7	30	278	
idem.	11	30	85	21	74	279	
idem.	2	40	86	22	74	280	
octobre.	85	64	36	54	17	281	
idem.	73	11	40	81	87	282	
idem.	41	37	63	32	73	283	

LYON, 1808.						Tir.	obs.
Novemb.	29	46	77	55	12	284	
idem.	79	72	28	6	73	285	
idem.	49	89	7	28	11	286	
Décemb.	10	84	90	54	22	287	
idem.	68	86	50	65	39	288	
idem.	42	31	29	86	41	289	
ANNÉE 1809.							
Janv	72	13	6	45	62	290	
idem.	43	30	88	81	74	291	
idem.	20	50	10	17	32	292	
Fév.	70	27	41	10	4	293	
idem.	87	16	58	74	12	294	
idem.	61	77	2	5	46	295	
Mars.	90	45	88	57	20	296	
idem.	72	34	26	66	79	297	
idem.	65	28	53	70	71	298	
Avril.	85	72	47	69	49	299	
idem	39	62	3	10	46	300	
idem.	71	2	75	52	1	301	
Mai.	67	11	59	48	12	302	
idem.	90	81	4	33	72	303	
idem.	32	89	69	20	71	304	
Juin.	11	88	51	40	58	305	
idem.	50	36	31	32	80	306	
idem.	33	24	34	29	85	307	
Juill.	15	88	26	17	47	308	
idem.	89	67	28	24	85	309	
idem.	48	62	74	79	25	310	
Août.	4	44	81	71	66	311	

LYON, 1809.						Tir.	obs.
idem.	35	85	13	36	86	312	
idem.	16	42	29	15	88	313	
Sept.	80	6	67	53	25	314	
idem.	88	21	29	65	39	315	
idem.	28	40	21	56	75	316	
Oct.	42	8	50	15	21	317	
idem.	30	49	42	31	88	318	
idem.	27	8	19	21	46	319	
Nov.	5	26	86	56	60	320	
idem.	65	14	82	54	1	321	
idem.	43	77	79	8	70	322	
Déc.	26	90	85	69	66	323	
idem.	47	74	9	80	56	324	
idem.	72	2	23	8	29	325	
ANNÉE 1810.							
Janv.	56	48	66	83	78	326	
idem.	50	58	34	85	55	327	
idem.	6	17	87	68	39	328	
Fév.	8	87	10	29	32	329	
idem.	21	23	34	9	3	330	
idem.	15	3	40	71	33	331	
Mars.						332	
idem.						333	
idem.						334	
Avril						335	

Lyon, 1810.		Tir.	obs.
idem.		336	
idem.		337	
Mai.		338	
idem.		339	
idem.		340	
Juin.		341	
idem.		342	
idem.		343	
Juill.		344	
idem.		345	
idem.		346	
Août.		347	
idem.		348	
idem.		349	
Sept.		350	
idem.		351	
idem.		352	
Oct.		353	
idem.		354	
idem.		355	
Nov.		356	

Lyon, 1810.	Tir.	obs.
idem.	357	
idem.	358	
Déc.	359	
idem.	360	
idem.	361	
ANNÉE 1811.		
Janv.	362	
idem.	363	
idem.	364	
Fév.	365	
idem.	366	
idem.	367	
Mars.	368	
idem.	369	
idem.	370	
Avril.	371	
ide m.	372	
idem.	373	
Mai.	374	
idem.	375	
idem.	376	

Tirages de STRASBOURG, *AN* 9.

Les tirages se font les 1, 11 et 21 de chaque mois.

						Tirag.	obs. 1801.
22 *Vento.*	22	66	42	56	87	1	Mars
Germin.	85	54	27	21	89	2	*id.*
Idem.	54	39	13	24	18	3	avril
Idem.	57	35	86	78	9	4	*id.*
Floréal.	77	48	17	85	64	5	*id.*
Idem.	76	54	1	75	33	6	Mai.
Idem.	48	75	50	80	27	7	*id.*
Prairial.	16	69	35	57	22	8	*id.*
Idem.	70	43	10	69	23	9	juin.
Idem.	57	55	77	3	52	10	*id.*
Messid.	82	59	13	42	32	11	*id.*
Idem.	30	71	42	38	29	12	juil.
Idem.	60	66	41	5	74	13	*id.*
Thermid.	37	36	73	90	29	14	*id.*
Idem.	53	83	5	47	15	15	août
Idem.	48	60	68	73	41	16	*id.*
Fructid.	76	61	39	33	43	17	*id.*
Idem.	7	23	82	58	26	18	sep.
Idem.	77	5	30	57	50	19	*id.*
	AN 10.						
Vendém.	53	29	46	28	76	20	*id.*
Idem.	70	51	20	69	67	21	Oct.
idem.	8	79	1	62	58	22	*id.*
Brum.	8	57	77	5	26	23	*id.*
idem.	90	81	29	1	10	24	NOV.
idem.	31	90	43	74	38	25	*id.*
Frimaire.	85	37	44	14	5	26	*id.*
idem.	46	4	29	61	76	27	Déc

STRASBOURG, suite AN 10.						tir.	obs
idem.	61	45	38	42	28	28	*id.*
Nivose.	17	79	34	46	14	29	*id.*
							1802.
idem.	15	14	84	65	67	30	janv
idem.	46	4	26	57	53	31	*id.*
Pluviose.	44	11	69	2	40	32	*id.*
idem.	49	21	90	62	2	33	Fév.
idem.	79	41	13	28	25	34	*id.*
Ventose.	71	60	15	16	27	35	*id.*
idem.	11	45	65	43	17	36	Mars
idem.	59	61	15	10	70	37	*id.*
Germin.	37	45	8	11	62	38	*id.*
idem.	66	15	25	5	2	39	avril
idem.	75	25	18	55	66	40	*id.*
Floréal.	20	33	3	48	49	41	*id.*
idem.	14	8	32	7	13	42	Mai.
idem.	44	45	1	32	66	43	*id.*
Prairial.	69	35	28	87	78	44	*id.*
idem.	66	87	69	3	74	45	juin.
Idem.	3	31	79	64	2	46	*id.*
Messid.	3	30	20	86	13	47	*id.*
Idem.	24	16	48	25	17	48	juil.
Idem.	40	83	90	1	72	49	*id.*
Thermid.	72	14	62	48	5	50	*id.*
Idem.	86	42	61	33	84	51	août
Idem.	12	22	80	4	17	52	*id.*
Fructid.	55	83	36	31	38	53	*id.*
Idem.	17	65	49	81	33	54	sep.
Idem.	7	43	70	42	40	55	*id.*
			AN 11.				
Vendém.	59	68	4	85	27	56	*id.*

STRASBOURG, suite AN II.						*tir.*	*obs.*
Idem.	38	28	2	13	90	57	oct.
Idem.	50	52	80	29	19	58	*id.*
Brum.	42	8	22	10	66	59	*id.*
Idem.	42	20	84	78	25	60	NOV.
Idem.	9	41	66	36	2	61	*id.*
Frimaire.	43	76	35	71	8	62	*id.*
Idem.	5	56	80	49	8	63	Déc
Idem.	32	67	68	49	1	64	*id.*
Nivose.	53	19	65	78	83	65	*id.*
							1803
Idem.	47	65	56	12	17	66	janv.
Idem.	65	26	57	77	24	67	*id.*
Pluviose.	37	26	74	43	61	68	*id.*
Idem.	6	8	70	5	53	69	Fév
Idem.	61	58	84	63	36	70	*id.*
Ventose.	34	75	60	41	55	71	*id.*
Idem.	66	82	88	87	21	72	MARS
Idem.	36	44	20	81	70	73	*id.*
Germin.	22	29	12	8	70	74	*id.*
Idem.	49	51	48	29	47	75	avril
Idem.	23	15	33	75	28	76	*id.*
Floréal.	57	19	53	60	66	77	*id.*
Idem.	66	40	73	58	82	78	MAI.
Idem.	29	31	33	26	23	79	*id.*
Prairial.	60	74	48	67	52	80	*id.*
Idem.	54	82	33	19	48	81	juin
Idem.	70	68	13	35	50	82	*id.*
Messid.	61	68	88	85	9	83	*id.*
Idem.	11	37	78	45	17	84	juil.
Idem.	28	40	4	18	41	85	*id.*

STRASBOURG, suite AN 11.						tir.	obs.
Thermid.	17	74	54	21	53	86	*id.*
Idem.	66	89	86	1	35	87	août
Idem.	82	75	26	3	51	88	*id.*
Fructid.	57	10	17	44	25	89	*id.*
Idem.	75	18	6	89	81	90	sep.
Idem.	68	38	7	77	58	91	*id.*
AN 12.							
Vendém.	47	29	69	21	10	92	*id.*
Idem.	62	49	51	63	60	93	octo
Idem.	3	26	84	29	14	94	*id.*
Brumaire.	70	82	45	63	50	95	*id.*
Idem.	61	25	76	9	1	96	NOV
Idem.	89	76	51	19	81	97	*id.*
Frimaire.	74	61	37	16	77	98	*id.*
Idem.	6	47	49	43	28	99	Déce
Idem.	9	39	62	11	70	100	*id.*
Nivôse.	75	15	9	57	2	101	*id.*
							1804
Idem.	3	27	58	32	41	102	janv
Idem.	20	71	51	73	47	103	*id.*
Pluviôse.	8	25	10	15	81	104	*id.*
Idem.	52	55	62	39	88	105	Fév.
Idem.	70	36	39	86	58	106	*id.*
Ventôse.	72	37	45	89	35	107	*id.*
Idem.	5	35	9	82	41	108	Mars
Idem.	52	41	34	50	56	109	*id.*
Germin.	9	36	12	75	4	110	*id.*
Idem.	37	23	84	45	27	111	Avr
Idem.	84	2	7	69	66	112	*id.*
Floréal.	86	73	13	82	25	113	*id.*

STRASBOURG, suite. AN 12.						tir.	obs.
Idem.	22	9	64	16	32	114	MAI.
Idem.	34	69	72	53	8	115	*id.*
1er. *tirage impérial.*							
Prairial.	75	54	23	21	59	116	*id.*
Idem.	20	84	3	61	4	117	juin
Idem.	61	12	55	81	67	118	*id.*
Messidor.	28	70	82	90	53	119	*id.*
Idem.	85	8	63	9	46	120	juil.
Idem.	5	45	19	88	60	121	*id.*
Thermid.	34	10	17	61	29	122	*id.*
Idem.	50	24	38	65	58	123	août
Idem.	35	49	56	71	82	124	*id.*
Fructid.	90	17	7	54	33	125	*id.*
Idem.	32	69	86	23	49	126	sep.
Idem.	67	44	5	60	9	127	*id.*
AN 13.							
Vendém.	68	86	45	75	10	128	*id.*
Idem.	78	52	8	19	34	129	oct.
Idem.	17	36	74	83	41	130	*id.*
Brumai.	83	53	12	82	36	131	*id.*
Idem.	90	15	66	44	22	132	NOV
Idem.	45	27	42	64	62	133	*id.*
Frimaire.	85	67	82	60	50	134	*id.*
Idem.	32	35	21	88	63	135	DÉC.
Idem.	69	51	39	58	19	136	*id.*
Nivôse.	66	79	70	83	29	137	*id.*
							1805
Idem.	4	34	82	50	71	138	janv
Idem.	81	33	83	15	5	139	*id.*
Pluviôse.	19	37	53	21	27	140	*id.*

STRASBOURG, suite AN 13.						tir.	obs.
Idem.	85	83	5	35	88	141	Fév
Idem.	43	37	90	25	14	142	*id*
Ventôse.	84	34	72	81	9	143	*id*
Idem.	39	53	80	9	13	144	Mars
Idem.	57	11	88	10	74	145	*id*
Germin.	80	45	11	22	12	146	*id*
Idem.	88	73	78	75	43	147	avr.
Idem.	85	83	25	51	20	148	*id*
Floréal.	52	49	17	16	88	149	*id*
Idem.	46	78	64	80	58	150	Mai.
Idem.	38	83	2	12	84	151	*id*
Prairial.	64	61	86	77	66	152	*id*
Idem.	67	15	27	51	68	153	juin
Idem.	8	5	29	70	87	154	*id*
Messid.	45	73	8	12	4	155	*id*
Idem.	84	62	61	67	68	156	juil.
Idem.	78	57	2	18	90	157	*id*
Thermid.	28	73	58	84	34	158	*id*
Idem.	22	41	16	12	47	159	août
Idem.	26	45	72	20	32	160	*id*
Fructidor.	38	61	88	31	59	161	*id*
Idem.	23	86	69	9	36	162	sep.
Idem.	18	45	33	14	24	163	*id*
AN 14.							
Vendém.	3	82	79	49	38	164	*id*
Idem.	53	37	90	36	69	165	oct.
Idem.	35	23	82	80	58	166	*id*
Brumaire.	34	13	10	24	3	167	*id*
Idem.	59	6	54	69	14	168	NOV

STRASBOURG, suite AN 14.						tir.	obs.
Idem.	25	48	67	85	51	169	*id*
Frimaire.	57	70	17	35	65	170	*id*
Idem.	81	74	46	65	38	171	DÉC
Idem.	75	53	59	73	1	172	*id*
Nivôse.	62	23	32	78	18	173	*id*
ANNÉE 1806.							
Janvier.	9	33	62	88	73	174	
Idem.	60	54	45	29	76	175	
Idem.	9	23	27	24	84	176	
Février.	56	11	87	71	23	177	
Idem.	7	63	26	8	14	178	
Idem.	54	51	60	57	41	179	
Mars.	64	19	62	7	84	180	
Idem.	13	57	28	31	58	181	
Idem.	82	2	90	40	44	182	
Avril.	28	87	34	9	71	183	
Idem.	24	75	84	5	15	184	
Idem.	57	31	11	44	16	185	
Mai.	70	30	6	81	37	186	
Idem.	54	64	19	77	60	187	
Idem.	60	65	38	50	72	188	
Juin.	49	20	80	46	48	189	
Idem.	80	42	63	76	71	190	
Idem.	12	74	15	48	7	191	
Juillet.	60	81	62	78	79	192	
Idem.	5	88	25	39	11	193	
Idem.	32	64	22	20	61	194	
Août.	62	51	11	70	64	195	
Idem.	36	6	83	61	65	196	
Idem.	2	68	64	83	42	197	

STRASBOURG, suite de 1806.					tir	obs.
Septemb.	65	67	36	49	23	198	
Idem.	21	55	16	47	12	199	
Idem.	21	29	59	81	41	200	
Octobre.	67	88	81	45	76	201	
Idem.	73	43	12	29	46	202	
Idem.	1	26	50	70	64	203	
Novemb.	52	62	86	89	56	204	
Idem.	23	74	13	20	8	205	
Idem.	88	66	86	25	56	206	
Décemb.	38	57	66	51	39	207	
Idem.	17	62	22	90	4	208	
Idem.	30	51	28	61	22	209	
ANNÉE 1807.							
Janvier.	55	69	46	72	56	210	
Idem.	74	19	29	64	56	211	
Idem.	29	73	8	7	41	212	
Février.	22	4	29	66	84	213	
Idem.	20	48	90	40	49	214	
Idem.	2	40	38	80	87	215	
Mars.	79	47	90	44	52	216	
Idem.	44	2	56	79	64	217	
Idem.	85	78	18	60	34	218	
Avril.	51	8	16	82	76	219	
Idem.	29	71	10	39	78	220	
Idem.	64	41	36	72	67	221	
Mai.	70	26	9	62	63	222	
idem.	9	20	13	77	10	223	
Idem.	73	6	22	84	76	224	
Juin.	30	11	71	7	49	225	

STRASBOURG, suite de 1807.					tir.	obs.
					Tirag.	
Idem.	81 58	24	79	29	226	
Idem.	1 57	86	63	72	227	
Juillet.	26 14	5	81	1	228	
Idem.	89 74	12	25	90	229	
Idem.	48 50	39	5	16	230	
Août.	29 37	34	4	64	231	
Idem.	53 86	41	26	83	232	
Idem.	25 48	21	67	47	233	
Septemb.	30 60	57	24	35	234	
Idem.	66 86	72	82	79	235	
Idem.	15 28	75	78	19	236	
Octobre.	20 28	8	34	80	237	
Idem.	29 50	22	83	35	238	
idem.	72 85	33	67	12	239	
Novemb.	30 24	21	69	41	240	
idem.	15 26	14	45	85	241	
idem.	6 34	22	63	75	242	
Décemb.	57 41	10	63	37	243	
idem.	56 83	48	28	15	244	
idem.	29 38	86	67	10	245	
ANNÉE 1808.						
Janvier.	54 5	43	30	18	246	
idem.	17 8	35	7	71	247	
idem.	65 3	88	57	20	248	
Février.	67 8	18	45	7	249	
idem.	53 45	14	63	5	250	
idem.	70 17	5	55	43	251	
Mars.	82 23	42	22	3	252	

STRASBOURG, suite de 1808.						tir.	obs.
idem.	21	77	74	43	27	253	
idem.	42	79	53	28	32	254	
Avril.	34	56	11	46	13	255	
idem.	18	12	90	76	26	256	
idem.	71	78	88	74	46	257	
Mai.	82	80	70	61	16	258	
idem.	5	64	21	8	56	259	
idem.	87	55	34	25	78	260	
Juin.	54	13	42	43	17	261	
idem.	70	24	64	69	49	262	
idem.	11	54	3	28	88	263	
Juillet.	27	41	26	82	33	264	
idem.	10	70	26	45	69	265	
idem.	53	76	28	22	54	266	
Août.	71	11	21	69	43	267	
idem.	79	29	87	11	40	268	
idem.	82	47	31	21	3	269	
Septemb.	28	51	41	83	55	270	
idem.	3	59	72	26	19	271	
idem.	88	73	39	50	8	272	
Octobre.	6	72	29	57	90	273	
idem.	50	71	44	83	16	274	
idem.	70	88	73	77	54	275	
Novemb.	82	58	9	80	37	276	
idem.	43	12	90	63	4	277	
idem.	43	77	68	28	60	278	
Décemb.	49	11	85	33	14	279	
idem.	49	31	70	24	56	280	
idem.	38	87	37	4	65	281	

STRASBOURG, 1809.						Tir.	obs.
Janv.	33	64	6	14	78	282	
idem.	12	21	8	50	17	283	
idem.	85	18	48	11	83	284	
Fév.	34	76	53	64	69	285	
idem.	55	82	30	3	18	286	
idem.	37	87	51	76	22	287	
Mars.	66	21	15	89	70	288	
idem.	9	77	84	51	75	289	
idem.	19	50	39	85	55	290	
Avril.	15	32	13	40	88	291	
idem.	29	12	35	48	74	292	
idem.	40	66	7	51	32	293	
Mai.	41	51	9	48	3	294	
idem.	20	52	44	84	89	295	
idem.	56	71	60	31	84	296	
Juin.	44	70	18	72	57	297	
idem.	90	19	41	23	49	298	
idem.	41	88	19	16	87	299	
Juill.	9	15	30	85	5	300	
idem.	35	71	12	76	21	301	
idem.	74	51	20	75	36	302	
Août.	27	39	36	18	2	303	
idem.	42	38	30	15	64	304	
idem.	81	42	20	26	56	305	
Sept.	39	7	67	26	36	306	
idem.	71	37	56	35	2	307	
idem.	9	21	28	73	59	308	
Oct.	5	60	3	76	50	309	
idem.	41	72	90	39	5	310	
idem	75	35	14	53	4	311	

STRASBOURG, 1809.						Tir	obs.
Nov.	18	78	34	63	76	312	
idem.	80	7	10	85	54	313	
idem.	43	38	54	27	90	314	
Déc.	61	81	89	51	74	315	
idem.	17	52	84	64	31	316	
idem.	32	56	54	29	3	317	
	ANNÉE 1810.						
Janv.	55	63	87	47	37	318	
idem.	61	89	8	9	81	319	
idem.	45	50	34	37	62	320	
Fév.	27	56	35	6	57	321	
idem.	34	68	83	45	56	322	
idem.	71	76	19	82	9	323	
Mars.	79	85	7	11	64	324	
idem.						325	
idem.						326	
Avril.						327	
idem.						328	
idem.						329	
Mai.						330	
idem.						331	
idem.						332	

STRASBOURG, 1810.	Tir.	obs.
Juin.	333	
idem.	334	
idem.	335	
Juill.	336	
idem.	337	
idem.	338	
Août.	339	
idem.	340	
idem.	341	
Sept.	342	
idem.	343	
idem.	344	
Oct.	345	
idem.	346	
idem.	347	
Nov.	348	
idem.	349	
idem.	350	
Déc.	351	
idem.	352	

STRASBOURG, 1810.	Tir	obs.
idem.	353	
AN 1811.		
Janv.	354	
idem.	355	
idem.	356	
Fév.	357	
idem.	358	
idem.	359	
Mars.	360	
idem.	361	
idem.	362	
Avril.	363	
idem.	364	
idem.	365	
Mai.	366	
idem.	367	
idem.	368	
Juin.	369	
idem.	370	
idem.	371	

Tirages de Bordeaux, *An* 9.

Les tirages se font les 2, 12 et 22 de chaque mois.

						Tirag.	obs. 1801
23 *Floré.*	63	67	30	40	17	1	Mai.
Prairial.	18	61	53	82	83	2	*id.*
Idem.	7	14	49	61	18	3	juin.
Idem.	23	55	26	77	15	4	*id.*
Messid.	57	85	46	41	11	5	*id.*
Idem.	33	60	30	43	37	6	juil.
Idem.	6	33	5	18	9	7	*id.*
Thermid.	67	58	77	74	18	8	*id.*
Idem.	74	87	46	77	42	9	août
Idem.	45	19	21	58	88	10	*id.*
Fructid.	61	45	47	26	22	11	*id.*
Idem.	54	44	20	23	55	12	sep.
Idem.	46	78	18	7	70	13	*id.*
	AN 10.						
Vendém.	29	76	35	45	49	14	*id.*
Idem.	74	61	14	81	67	15	octo
Idem.	7	47	81	88	66	16	*id.*
Brum.	76	84	89	67	60	17	*id.*
Idem.	40	65	3	32	16	18	nov.
Idem.	78	38	58	44	4	19	*id.*
Frimaire.	49	18	5	61	23	20	*id.*
Idem.	22	18	4	42	2	21	Déc
Idem.	59	51	82	87	5	22	*id.*
Nivôse.	31	46	12	2	53	23	*id.*
							1802
Idem.	73	77	51	7	2	24	janv
Idem.	19	80	52	70	14	25	*id.*
Pluviose.	87	5	62	42	32	26	*id.*

BORDEAUX, suite AN 10.						tir.	obs.
Idem.	43	49	73	87	34	27	Fév.
Idem.	35	24	65	20	31	28	id.
Ventose.	57	81	7	39	21	29	id.
Idem.	84	71	14	67	59	30	Mars
Idem.	58	79	26	33	74	31	id.
Germin.	42	32	12	72	71	32	id.
Idem.	19	59	10	49	26	33	avril
Idem.	73	17	30	59	90	34	id.
Floréal.	72	14	49	34	66	35	id.
Idem.	73	74	44	11	1	36	Mai.
Idem.	24	47	59	57	31	37	id.
Prairial.	43	23	28	56	15	38	id.
Idem.	89	5	51	27	21	39	juin.
Idem.	46	2	89	14	57	40	id.
Messid.	59	38	16	80	65	41	id.
Idem.	35	29	85	67	25	42	juil.
Idem.	61	16	67	5	63	43	id.
Thermid.	1	58	60	34	50	44	id.
Idem.	28	80	24	47	15	45	août
Idem.	12	90	17	81	78	46	id.
Fructid.	76	7	1	49	36	47	id.
Idem.	40	63	13	31	27	48	sept
Idem.	28	40	13	82	34	49	id.
AN 11.							
Vendém.	49	23	86	52	68	50	id.
Idem.	30	47	80	84	62	51	oct.
Idem.	45	5	55	56	2	52	id.
Brumai.	50	81	19	75	49	53	id.
Idem.	70	80	59	60	47	54	NOV.

BORDEAUX, suite AN II.						tir.	obs.
Idem.	55	64	59	51	29	55	*id.*
Frimaire.	83	48	64	66	9	56	*id.*
Idem.	62	14	50	27	69	57	DÉC
Idem.	2	55	6	38	13	58	*id.*
Nivose.	18	81	40	37	59	59	*id.*
							1803
Idem.	13	56	90	86	82	60	janv
Idem.	45	24	21	18	52	61	*Id.*
Pluviose.	59	27	86	76	65	62	*Id.*
Idem.	60	35	58	42	29	63	FÉV.
Idem.	57	82	88	63	3	64	*Id.*
Ventose.	84	15	77	3	35	65	*Id.*
Idem.	65	4	47	2	30	66	MARS
Idem.	87	65	12	19	37	67	*Id.*
Germin.	81	21	65	39	84	68	*Id.*
Idem.	34	73	43	30	70	69	avril
Idem.	21	75	55	70	68	70	*Id.*
Floréal.	30	24	19	18	37	71	*Id.*
Idem.	24	15	44	36	2	72	MAI.
Idem.	41	90	71	48	46	73	*Id.*
Prairial.	89	86	61	83	9	74	*Id.*
Idem.	84	59	12	58	22	75	juin
Idem.	1	2	73	66	77	76	*Id.*
Messid.	73	43	22	89	66	77	*Id.*
Idem.	17	72	52	77	48	78	juil.
Idem.	72	15	63	49	26	79	*Id.*
Thermid.	85	24	27	81	31	80	*Id.*
Idem.	44	54	88	1	58	81	août
Idem.	56	20	30	50	66	82	*Id.*
Fructid.	3	29	75	19	8	83	*Id.*

BORDEAUX, suite AN 11.						tir.	obs.
Idem.	7	78	61	25	80	84	sept
Idem.	7	11	17	35	19	85	Id.
AN 12.							
Vendém.	8	19	62	46	38	86	*Id.*
Idem.	46	83	19	44	49	87	oct.
Idem.	59	45	70	54	2	88	*Id.*
Brum.	65	30	33	77	56	89	*Id.*
Idem.	81	68	11	45	47	90	Nov.
Idem.	49	4	67	54	8	91	*Id.*
Frimaire.	7	47	38	32	34	92	*Id.*
Idem.	62	30	60	31	90	93	Déc
Idem.	31	1	43	40	88	94	*Id.*
Nivôse.	87	81	73	74	48	95	*Id.*
							1804
Idem.	90	83	65	77	67	96	janv
Idem.	7	29	90	30	54	97	*Id.*
Pluviôse.	87	11	10	71	77	98	*Id.*
Idem.	43	27	87	88	2	99	Fév.
Idem.	28	42	23	36	59	100	*Id.*
Ventôse	15	72	2	86	64	101	*Id.*
Idem.	75	45	29	11	83	102	Mars
Idem.	41	83	17	14	4	103	*Id.*
Germinal.	46	26	18	64	59	104	*Id.*
Idem.	21	6	83	22	76	105	avril
Idem.	57	70	78	27	80	106	*id.*
Floréal.	27	36	50	53	68	107	*id.*
Idem.	46	85	45	40	48	108	Mai.
Idem.	70	71	20	89	40	109	*id.*
1er. *tirage impérial.*							
Prairial.	25	14	28	45	56	110	*id.*

BORDEAUX, suite AN 12.						tir.	obs.
Idem.	86	46	57	73	30	111	juin.
Idem.	31	66	76	6	9	112	*Id.*
Messidor.	10	30	70	23	64	113	*Id.*
Idem.	44	63	81	40	72	114	juil.
Idem.	35	83	49	51	61	115	*Id.*
Thermid.	3	60	84	9	7	116	*Id.*
Idem.	35	50	77	28	75	117	août
Idem.	76	14	1	45	53	118	*Id.*
Fructid.	49	50	41	16	40	119	*Id.*
Idem.	60	45	57	8	51	120	sept
Idem.	28	78	22	74	36	121	*Id.*
AN 13.							
Vendém.	6	13	32	45	11	122	*Id.*
Idem.	2	15	64	56	84	123	octo
Idem.	19	54	2	67	88	124	*Id.*
Brum.	79	30	47	51	87	125	*Id.*
Idem.	35	54	55	63	9	126	NOV.
Idem.	25	70	16	33	28	127	*Id.*
Frimaire.	73	62	71	37	51	128	*Id.*
Idem.	5	83	34	47	72	129	DÉC
Idem.	49	67	66	20	40	130	*Id.*
Nivôse.	77	42	33	16	12	131	*Id.*
							1805
Idem.	26	47	84	73	76	132	janv
Idem.	84	50	65	78	36	133	*Id.*
Pluviôse.	48	15	65	29	10	134	*Id.*
Idem.	56	61	52	6	44	135	FÉV.
Idem.	71	26	53	57	3	136	*Id.*
Ventôse.	50	68	51	64	78	137	*Id.*
Idem.	45	57	10	6	76	138	MARS

BORDEAUX, suite AN 13.						tir.	obs.
Idem.	53	81	29	75	44	139	*Id.*
Germin.	41	89	78	12	31	140	*Id.*
Idem.	13	60	16	44	62	141	avril
Idem.	42	50	82	3	17	142	*Id.*
Floréal.	8	43	56	60	31	143	*Id.*
Idem.	68	64	13	3	84	144	Mai.
Idem.	6	64	42	50	18	145	*Id.*
Prairial.	38	86	73	76	84	146	*Id.*
Idem.	25	43	85	18	8	147	juin.
Idem.	33	10	34	11	58	148	*Id.*
Messidor.	79	20	54	8	40	149	*Id.*
Idem.	49	1	50	48	33	150	juil.
Idem.	44	2	18	11	88	151	*Id.*
Thermid.	75	50	88	3	36	152	*Id.*
Idem.	5	80	59	87	35	153	août
Idem.	8	18	12	39	27	154	*Id.*
Fructidor.	78	53	82	33	68	155	*Id.*
Idem.	25	42	14	60	29	156	sept
Idem.	29	32	22	62	79	157	*Id.*
AN 14.							
Vendém.	78	8	40	82	72	158	*Id.*
Idem.	49	89	19	39	64	159	oct.
Idem.	43	45	73	21	71	160	*Id.*
Brumai.	68	36	17	25	85	161	*Id.*
Idem.	34	31	24	57	86	162	NOV
Idem.	39	49	26	66	7	163	*Id.*
Frimaire.	42	51	49	83	61	164	*Id.*
Idem.	89	63	34	30	16	165	Déc
Idem.	44	74	77	47	68	166	*Id.*
Nivôse.	88	50	31	26	34	167	*Id.*

BORDEAUX, AN 1806.						tir.	obs.
Janvier.	53	48	14	36	13	168	
Idem.	58	53	42	59	3	169	
Idem.	54	6	30	27	80	170	
Février.	45	13	89	25	62	171	
Idem.	77	36	10	88	21	172	
Idem.	67	80	4	86	14	173	
Mars.	29	56	44	86	6	174	
Idem.	82	37	27	75	15	175	
Idem.	13	1	41	67	21	176	
Avril.	12	34	53	49	32	177	
Idem.	75	36	60	66	14	178	
Idem.	43	5	44	59	51	179	
Mai.	41	73	38	10	15	180	
Idem.	82	78	2	29	85	181	
Idem.	45	40	73	38	84	182	
Juin.	72	64	45	50	41	183	
Idem.	30	1	28	6	76	184	
Idem.	81	61	52	60	30	185	
Juillet.	63	2	37	4	41	186	
Idem.	42	19	16	62	1	187	
Idem.	5	84	21	13	25	188	
Août.	64	62	1	16	44	189	
Idem.	70	58	56	61	66	190	
Idem.	51	43	55	10	80	191	
Septemb.	20	18	39	85	43	192	
Idem.	1	9	58	10	5	193	
Idem.	66	76	81	14	60	194	
Octobre.	45	31	26	87	24	195	
Idem.	49	57	39	17	24	196	
Idem.	2	7	26	17	19	197	

BORDEAUX, suite de 1806.						tir.	obs.
Novemb.	63	55	26	56	39	198	
Idem.	63	88	66	29	83	199	
Idem.	17	48	49	53	55	200	
Décemb.	54	88	69	86	7	201	
Idem.	88	27	20	84	60	202	
Idem.	77	80	56	61	26	203	
ANNÉE 1807.							
Janvier.	26	8	18	80	54	204	
Idem.	85	8	26	58	60	205	
Idem.	65	62	70	77	52	206	
Février.	31	32	54	74	49	207	
Idem.	84	62	47	64	1	208	
Idem.	31	86	26	47	24	209	
Mars.	44	49	79	13	9	210	
Idem.	57	39	25	26	68	211	
Idem.	40	1	72	58	79	212	
Avril.	55	7	64	67	11	213	
Idem.	59	65	63	35	79	214	
Idem.	56	73	3	19	83	215	
Mai.	77	36	3	23	69	216	
Idem.	59	84	14	56	6	217	
Idem.	53	89	26	57	55	218	
Juin.	5	35	2	77	40	219	
Idem.	13	50	83	36	68	220	
Idem.	21	89	29	71	87	221	
Juillet.	73	1	64	88	70	222	
Idem.	69	90	78	12	19	223	
Idem.	5	78	86	52	23	224	
Août.	7	23	38	26	46	225	

BORDEAUX, suite de 1807.					tir.	obs.
Idem.	20 65 34 83 85				226	
Idem.	32 39 9 19 64				227	
Septemb.	29 74 79 78 13				228	
Idem.	75 70 28 87 14				229	
Idem.	55 17 32 30 70				230	
Octobre.	89 4 9 24 36				231	
idem.	11 40 35 24 29				232	
idem.	15 61 86 9 60				233	
Novemb.	63 1 28 46 80				234	
idem.	6 9 38 34 8				235	
idem.	24 70 66 50 69				236	
Décemb.	80 47 34 9 14				237	
idem.	59 81 15 39 89				238	
idem.	48 63 25 8 16				239	
ANNÉE 1808.						
Janvier.	54 19 89 2 1				240	
idem.	74 23 15 82 69				241	
idem.	84 4 87 24 79				242	
Février.	65 4 9 64 77				243	
idem	61 71 60 27 48				244	
idem.	52 35 4 42 18				245	
Mars.	55 8 34 80 2				246	
idem.	14 10 6 66 1				247	
idem.	16 4 66 46 37				248	
Avril.	14 73 84 16 87				249	
idem.	26 23 2 10 16				250	
idem.	10 28 89 54 82				251	
Mai.	4 46 29 35 2				252	
idem.	2 81 39 56 1				253	

BORDEAUX, 1808.

idem.	73	61	3	19	9	254
Juin.	80	42	7	83	5	255
idem.	38	82	85	80	24	256
idem.	82	83	58	45	71	257
Juillet.	30	28	81	58	20	258
idem.	69	81	48	10	70	259
idem.	40	29	9	83	26	260
Août.	52	71	21	13	1	261
idem.	68	82	38	2	20	262
idem.	71	52	45	31	4	263
Septemb.	1	6	72	3	90	264
idem.	59	88	27	86	61	265
idem.	36	87	78	30	7	266
Octobre.	1	60	44	12	28	267
idem.	63	74	59	53	36	268
idem.	85	51	12	54	29	269
Novemb.	65	11	22	70	78	270
idem.	57	28	52	82	49	271
idem.	13	27	17	58	41	272
Décemb.	43	25	74	68	10	273
idem.	53	50	1	9	52	274
idem.	62	60	52	22	84	275

AN 1809.

Janv.	33	67	39	16	17	276
idem.	15	2	57	7	73	277
idem.	70	34	33	64	42	278
Fév.	60	9	20	39	78	279
idem.	47	85	55	9	74	280
idem.	78	58	83	15	12	281

BORDEAUX, 1809.						Tir.	obs.
Mars.	54	7	69	28	40	282	
idem.	86	37	39	76	72	283	
idem.	6	82	19	42	8	284	
Avril.	11	15	81	76	46	285	
idem.	73	45	22	3	30	286	
idem.	46	83	9	20	75	287	
Mai.	37	17	79	74	47	288	
idem.	46	89	35	63	28	289	
idem.	69	49	51	77	48	290	
Juin.	56	88	61	57	59	291	
idem.	5	37	85	87	26	292	
idem.	52	68	69	54	24	293	
Juill.	17	80	44	29	2	294	
idem.	44	85	77	33	47	295	
idem.	57	71	22	84	29	296	
Août.	38	6	36	60	12	297	
idem.	74	46	58	75	40	298	
idem.	35	59	17	33	45	299	
Sept.	86	40	18	66	72	300	
idem.	83	32	80	27	81	301	
idem.	28	90	9	63	69	302	
Oct.	61	33	81	56	32	303	
idem.	25	1	69	85	75	304	
idem.	42	30	61	3	40	305	
Nov.	12	21	70	75	46	306	
idem.	81	14	24	89	60	307	
idem.	85	42	72	76	5	308	
Déc.	89	23	31	19	59	309	
idem.	43	55	3	85	4	310	
idem.	15	8	44	3	89	311	

BORDEAUX, 1810.						Tir.	obs.
Janv.	54	4	78	22	90	312	
idem.	39	11	82	74	73	313	
idem.	82	14	37	46	59	314	
Fév.	88	77	42	35	72	315	
idem.	47	66	26	51	4	316	
idem.	78	38	72	14	23	317	
Mars.	54	87	75	12	11	318	
idem.						319	
idem.						320	
Avril.						321	
idem.						322	
idem.						323	
Mai.						324	
idem.						325	
idem.						326	
Juin.						327	
idem.						328	
idem.						329	
Juill.						330	
idem.						331	

BORDEAUX, 1810.	Tir.	obs.
idem.	332	
Août.	333	
idem.	334	
idem.	335	
Sept.	336	
idem.	337	
idem.	338	
Oct.	339	
idem.	340	
idem.	341	
Nov.	342	
idem.	343	
idem.	344	
Dec.	345	
idem.	346	
idem.	347	
AN 1811.		
Janv.	348	
idem.	349	
idem.	350	

BORDEAUX, 1811.	Tir.	obs.
Fév.	351	
idem.	352	
idem.	353	
Mars.	354	
idem.	355	
idèm.	356	
Avril.	357	
idem.	358	
idem.	359	
Mai.	360	
idem.	361	
idem.	362	
Juin.	363	
idem.	364	
idem.	365	
Juill.	366	
idem.	367	
idem.	368	
Août.	369	
idem.	370	

RÉCAPITULATION des Nos. sortis aux tirages de Brux, Lyon, Strasb. et Bord.

Numéros.	Bruxelles.	Lyon.	strasbourg	Bordeaux.	Numéros.	Bruxelles.	Lyon.	strasbourg.	Bordeaux.	Numéros.	Bruxelles.	Lyon.	strasbourg.	Bo-deaux.
1	18	14	12	27	31	8	21	11	17	61	24	13	22	21
2	18	24	16	27	32	20	14	15	12	62	16	23	18	14
3	19	19	20	18	33	16	16	15	14	63	25	11	16	17
4	26	14	15	17	34	25	19	22	17	64	31	11	23	18
5	16	18	26	17	35	19	21	22	18	65	19	20	13	16
6	23	17	11	17	36	19	16	18	16	66	16	20	24	17
7	24	19	17	20	37	19	15	20	12	67	15	25	18	15
8	20	19	26	15	38	19	11	18	14	68	18	10	12	14
9	14	16	26	21	39	15	25	15	16	69	19	15	20	11
10	23	14	17	15	40	19	22	11	21	70	22	14	28	20
11	14	27	19	15	41	16	17	24	10	71	11	22	20	14
12	14	25	20	16	42	21	22	15	19	72	16	21	16	16
13	10	17	15	16	43	19	18	19	15	73	18	15	16	23
14	16	18	16	23	44	22	17	14	19	74	19	22	19	16
15	17	22	20	19	45	20	20	23	24	75	20	18	19	15
16	23	13	14	15	46	20	22	13	22	76	11	17	20	15
17	13	22	21	18	47	15	17	12	20	77	22	22	14	22
18	16	14	14	19	48	15	20	18	13	78	18	23	19	21
19	19	13	18	20	49	18	21	19	26	79	22	17	14	10
20	25	24	19	13	50	14	17	19	18	80	17	13	15	20
21	20	18	19	14	51	22	14	22	15	81	19	19	19	22
22	24	22	20	13	52	18	19	11	16	82	10	19	26	19
23	21	22	16	14	53	21	18	20	14	83	26	13	20	21
24	21	9	11	18	54	12	16	19	19	84	20	22	21	22
25	10	19	17	13	55	19	11	14	17	85	39	28	19	18
26	25	13	21	24	56	21	22	21	19	86	18	25	16	17
27	19	14	15	16	57	13	27	24	18	87	10	19	14	17
28	21	20	22	18	58	24	14	16	17	88	12	20	21	18
29	15	15	30	22	59	24	15	11	26	89	22	21	11	20
30	17	17	12	23	60	23	17	21	22	90	14	21	23	11

Ce TABLEAU est pour trouver le numéros heureux.

Récapitulation, par ordre de sorties des 90 Nos. de la Loterie de Paris.

Nos	1re.	2e.	3e.	4e.	5e.	*Total.*
1	14	7	10	12	10	53
2	15	13	8	8	9	53
3	11	11	12	10	15	59
4	10	12	14	10	7	52
5	11	14	14	12	13	64
6	14	9	9	19	9	60
7	16	16	14	8	10	64
8	5	6	9	3	11	34
9	12	11	11	12	12	59
10	10	11	7	7	13	48
11	9	17	17	6	12	61
12	11	9	13	12	4	49
13	7	13	6	8	9	43
14	10	10	10	12	10	52
15	10	8	10	10	15	53
16	1	10	13	12	10	56
17	7	17	9	20	8	61
18	9	8	12	10	16	56
19	9	16	10	14	11	61
20	8	6	9	15	18	56
21	15	14	15	13	11	67
22	11	17	16	10	15	69
23	9	10	6	15	9	48
24	13	10	7	12	10	52
25	10	11	8	11	7	48
26	10	9	14	13	14	60
27	11	11	6	14	20	62
28	4	15	13	13	13	58
29	14	14	13	8	12	61
30	11	16	19	9	14	69
31	16	15	10	8	8	55
32	16	11	17	15	14	72

MM. les Actionnaires feront attention que nous avons classé les mois du Calandrier actuel à la colonne d'Observations des Tirages faits lors du calandrier Républicain.

Suite de la Récapitulation des 90 Nos. sur Paris.

Nos.	1re.	2e.	3e.	4e.	5e.	Total
33	16	8	8	6	9	47
34	14	11	10	9	11	55
35	13	12	12	10	17	64
36	20	18	12	13	13	76
37	16	11	15	12	11	72
38	4	10	12	20	11	57
39	8	11	11	16	16	62
40	12	14	13	7	14	61
41	10	12	10	9	9	50
42	23	14	11	10	10	69
43	9	9	13	10	7	48
44	13	11	9	11	15	59
45	7	8	8	5	13	41
46	10	11	11	7	8	48
47	15	9	9	12	17	61
48	17	12	14	18	9	71
49	12	13	10	7	9	52
50	10	11	15	14	11	61
51	17	9	9	12	15	61
52	7	12	16	13	12	60
53	18	10	14	15	17	74
54	11	8	10	17	6	52
55	11	5	3	12	17	48
56	11	7	8	6	12	44
57	14	13	16	13	9	66
58	7	13	8	11	5	43
59	10	11	8	14	12	55
60	13	8	11	15	6	53
61	16	15	11	10	18	70
62	8	16	17	13	9	64
63	17	14	12	14	11	68
64	14	11	18	12	11	65
65	7	12	11	9	9	49
66	9	12	13	12	16	62
67	17	11	11	10	9	58
68	10	6	10	11	8	46

Suite de la Récapitulation des 90 Nos. sur Paris.

Nos	1re.	2e.	3e.	4e.	5e.	*Total*
69	11	8	8	8	11	46
70	9	7	15	7	12	50
71	12	13	8	12	16	62
72	9	5	13	10	12	48
73	15	18	14	9	9	66
74	7	12	10	14	10	53
75	13	17	14	12	8	64
76	14	15	12	8	12	61
77	14	12	12	9	7	54
78	8	15	11	14	13	61
79	14	10	12	8	11	56
80	13	13	19	4	11	58
81	12	10	10	11	11	54
82	11	5	14	17	15	61
83	10	14	9	13	14	61
84	10	12	9	13	13	57
85	8	11	9	10	13	50
86	14	10	12	7	12	55
87	8	12	10	13	11	55
88	13	13	14	18	14	72
89	6	10	10	10	9	47
90	11	10	15	13	12	61

Paris, du 4 mars. an 1810, âge des 10 numéros les plus anciens sur chaque loterie séparément par ordre d'ancienneté.

Paris.	23	85	28	27	86	39	5	69	54	89
Bruxelles.	76	34	32	29	13	80	17	11	55	69
Lyon.	76	38	18	64	37	63	73	7	84	22
Strasbourg.	1	26	46	25	58	68	65	33	69	22
Bordeaux.	65	13	41	10	53	50	62	67	16	34

CONSIDÉRÉ GÉNÉRAL.

28 41 18 67 25 70 69 53 80 44

www.ingramcontent.com/pod-product-compliance
Ingram Content Group UK Ltd.
Pitfield, Milton Keynes, MK11 3LW, UK
UKHW020329180726
13839UKWH00002B/601